런던이 사랑한 천재들

찰리 채플린에서 버지니아 울프까지
런던이 사랑한 천재들

초판 1쇄 발행 2011년 4월 25일
초판 3쇄 발행 2018년 10월 15일

지은이 조성관
펴낸이 정차임
펴낸곳 도서출판 열대림
출판등록 2003년 6월 4일 제313-2003-202호
주소 서울시 영등포구 선유서로 43, 2-1005
전화 02-332-1212
팩스 02-332-2111
이메일 yoldaerim@naver.com

ISBN 978-89-90989-48-2 03900

찰리 채플린에서 버지니아 울프까지

런던이 사랑한 천재들

조성관 지음

열대림

이 책은 방일영문화재단의 지원을 받아 저술·출판되었습니다.

차례

윈스턴 처칠, 역사를 바꾼 영웅

제임스 배리, 어린이의 영원한 친구

버지니아 울프, 선구적 페미니스트

찰스 디킨스, 빈민을 사랑한 천재

머리말

　해가 지지 않는 제국을 건설한 대영제국! 바다에 갇힌 섬 소년이 수평선 저 너머 뭍에 이상사회가 존재한다고 믿는 것처럼 동북아의 작은 반도에서 태어난 나는 어린 시절부터 영미식이라는 선진의 표준을 만든 대영제국을 흠모했다. 제국의 수도 런던은 모든 것이 제도에 따라 민주적이고 합리적으로 돌아가는 도시라고 철석같이 믿었다. '천재들의 도시' 시리즈 빈, 프라하 다음으로 런던을 선택하게 된 데는 어린 시절의 영국에 대한 동경이 크게 작용했다.

　런던은 오랜 세월 세계의 수도로 군림하면서 다양한 사람을 받아들였다. 가톨릭의 핍박을 받은 유럽 대륙의 신교도들도 런던으로 찾아들었다. 유럽 대륙은 말할 것도 없고 아프리카, 아시아, 인도에서 많은 사람들이 '영국'을 배우러 런던으로 몰려왔다. 런던은 인종, 언어, 사상 등 다양성의 전시장이었다. 바꿔 말하면, 자유주의의 요람이었다.

　유럽 대륙에서 변란이 있을 때마다 사고와 신념이 다르다는 이유로 박해를 받거나 반체제 활동을 하다 신변의 위협을 느낀 사람들은 하나같이 바다 건너 런던으로 몸을 피했다. 망명객 중에는 마르크스, 레닌,

트라팔가 광장

프로이트 등도 있었다. 2차대전 중에 히틀러에 점령당한 프랑스, 네덜란드, 체코가 망명정부를 세운 곳이 바로 런던이었다.

《런던이 사랑한 천재들》은 찰리 채플린, 조지 오웰, 윈스턴 처칠, 제임스 배리, 버지니아 울프, 찰스 디킨스까지 여섯 명의 천재를 다뤘다. 영국은 겨울에 비가 많이 내리는 서안해양성 기후에 앵글로색슨이라는 인종적 특성과 청교도주의가 더해져 문학이 상대적으로 발달해 왔다. 시인, 소설가, 극작가만 해도 차고 넘치는 곳이 영국이다. 이 책의 천재들 외에도 셰익스피어, 《셜록 홈즈》의 작가 코난 도일, 화가 제임스 터너와 단테 로제티 등이 런던에서 활동했다.

이 책에 등장하는 여섯 명의 천재는 모두 1812년에서 1977년에 살았던 인물들이다. 1977년에 사망한 채플린을 제외하고 이들이 활동한 시기는 빅토리아 시대이다. 대영제국이 인류 역사상 가장 넓은 제국을 건설하며 선진 문명을 자랑하던 시기와 거의 겹친다.

영국은 모든 것의 최초였다. 생각나는 대로 시초로 기록되는 것을 언급해 보자. 의회민주주의, 산업혁명, 자본주의, 사회주의, 증기기관, 철도, 지하철, 보험, 축구, 럭비, 크리켓, 보이스카웃, 홀리건……

찰스 디킨스는 19세기 인물이고, 조지 오웰은 20세기를 살았다. 제임스 배리, 처칠, 채플린, 울프는 19세기에 태어나 20세기에 꽃을 피운 사람들이다. 찰스 디킨스는 빅토리아 시대 최고의 인기 소설가였다. 《올리버 트위스트》, 《크리스마스 캐럴》 등은 여전히 세계인의 사랑을 받는 불멸의 고전이다.

찰리 채플린은 런던에서 태어나 22년을 살았다. 이후 미국으로 건너가 무성영화시대에 '떠돌이'라는 캐릭터를 만들어 20세기 영화의 아이콘이 되었다. 그가 영화배우 겸 감독으로서 표현하고자 한 모든 주제에는 어린 시절 런던의 빈민가에서 보고 느낀 경험이 깔려 있었다. '떠돌이'의 원형(原型)은 지금도 런던 거리에 고스란히 남아 있다.

런던아이와 템즈강

《피터팬》을 모르는 사람은 없지만 그 원작자를 아는 사람은 많지 않다. 극작가 제임스 배리는 한국 독자들에게 거의 무명에 가깝지만 그가 《피터팬》을 통해 남긴 메시지는 21세기에도 여전히 발언권을 갖고 있다. 아동문학으로만 알려져 왔던 《피터팬》은 사실은 성장과 죽음에 관한 이야기다. 산업혁명의 부정적인 여파로 유년기를 잃어가는 런던에 대한 슬픈 자화상이기도 하다. 《피터팬》은 스코틀랜드 출신인 배리만이 상상해 낼 수 있었던 어른들의 우화다. 제임스 배리를 여섯 명에 포함시킨 이유다. 조지 오웰, 버지니아 울프, 윈스턴 처칠을 선택한 이유에 대해서는 굳이 설명이 필요없을 것이다.

모든 사람은 태어나고 자라난 환경의 영향을 깊게 받는다. 여기에 그가 살아간 시대적 공간과 상황, 그리고 만난 사람들이 겹쳐져 삶의 나이테를 형성한다. 작가와 예술가는 그 나이테를 자신의 언어로 승화시켜 세상과 소통하는 사람들이다.

런던에서 여섯 명의 천재와 만나면서 나는, 잊고 있던 중요한 사실을 깨달았다. 영국의 의회민주주의는 알려진 대로 '실력 있는 국민'이 수백 년에 걸친 왕과의 투쟁 끝에 얻어냈다. 자유, 평등, 인권, 복지, 기본권, 언론자유, 여성참정권 등의 권리는 영국에서 최소한 200년이 걸려 쟁취한 것이다. 여섯 명의 천재는 시대의 위선과 부도덕에 맞서 인간이 자유롭고 인간답게 살 수 있는 제도와 환경을 만드는 일에 최전선에서 투쟁한 사람들이었다.

국회의사당

2차대전 중 런던은 나치 독일의 대공습으로 많은 건물이 파괴되었다. 그럼에도 19세기 런던의 지명들은 대부분 21세기에도 남아 있다. 트라팔가 광장 앞길은 매우 좁은 곡선으로 되어 있다. 더블 데커(빨간 2층버스)가 곡선의 좁은 길을 회전하는 모습을 보면 그러다 보행자가 다칠 것만 같아 조마조마하다. 피카딜리 가와 옥스퍼드 가를 승용차를 타고 지나가 보자. 성질 급한 한국 사람은 속이 터질 것이다. 런던 중심가의 교통체증은 정말 끔찍하다. 러시아워가 따로 없다. 길이 좁기 때문에 해결 방법이 없다.

　우리 같으면 좁은 길을 밀고 큰 길을 냈을 텐데, 영국인은 다르다. 19세기 마차가 주요 교통수단이던 시절의 도로를 그대로 두었다. 당장의 편리를 위해 역사를 지운다? 전통과 역사를 중시하는 런던에서는 상상조차 할 수 없는 일이다. 런던의 매력은 바로 여기에 있다. 200~300년 전 거리 이름이 여전히 남아 있고, 그 집이 거기에 그대로 있다.

타워브리지

오래된 거리에는 대개 몇 집 건너 한 집씩 건물 외벽에 플라크(명판)가 붙어 있다. 이 집에 과거 어떤 유명인사가 살았는지를 알려주는 플라크이다. 자치단체 혹은 관련 협회에서 제작해 설치했다. 영국사에 이름을 남긴 사람들을 기억케 하는 플라크들. 이들 중에는 우리가 학생 시절 교과서에서 이름을 외운, 세계사에 '최초'로 기록되며 세상을 바꾼 사람들이 수두룩하다.

런던 여행은 2층버스와 지하철, 그리고 도보로 다녀야 진정한 재미를 만끽할 수 있다. 런던의 여름은 황홀하다. 서안해양성 기후의 영향으로 서늘해 걷기에 그만이다. 걷다가 목이 마르면 눈에 보이는 태번(펍)에 들어가 에일 맥주로 목을 축인다. 그리고 다시 런던 여행을 계속해 보자. 구불구불한 골목길에서 '최초'를 만들어 역사가 된 인물들이 말을 걸어온다. 지금부터 그 런던으로 여섯 명의 천재와 함께 여행을 떠나보자.

2011년 3월
조성관

《런던이 사랑한 천재들》이 세상 빛을 보기까지는 여러분의 도움이 있었다. 현대자산운용 강연재 대표님과 한국문화예술교육진흥원 이대영 원장님은 런던 현지 취재에 큰 후원을 아끼지 않았다. 런던 현지 코디네이터 권희정님은 치밀한 사전조사로 필자가 놓친 중요한 장소를 알려주었다. 대한항공 박정수 지점장님은 하트포드셔의 조지 오웰 집을 찾아가는 데 결정적인 도움을 주었다. 연세대 우미성 영문과 교수님은 필자에게 《피터팬》의 작가 제임스 배리를 알게 해주었을 뿐만 아니라 귀중한 자료를 제공해 주었다. 깊이 감사드린다.

찰리 채플린,

비극적 희극의 거장

1889 ~ 1977

사라질 뻔했던 빈민가의 천재

"15만 명에 이르는 가난한 영국 어린이들이 여러 식민지국에 350년에 걸쳐 보내졌었다. 주로 생활고에 시달리는 가정을 대상으로 새출발의 기회를 주겠다는 의도에서 마련된 프로그램이었다. 영국제국의 입장에서는 노동자 수급을 위해서였다. 프로그램이 중단된 지 40여 년이 지난 지금, 영국과 호주는 어린이 이민자들에게 사과할 예정이다. 집을 떠나 배를 타고 수천 마일, 약속의 땅에 온 아이들을 기다리는 것은 학대와 방치였다."(《연합뉴스》, 2009년 11월 16일)

이 기사는 국내에서 발행되는 거의 모든 신문에 실렸다. 충격적이었다. 어떻게 이런 야만적인 일이 영국에서 벌어졌을까. 그런데 이상했다. 기사의 충격은 쉽게 가라앉질 않았다.

일주일쯤 흘렀을까. 어떤 생각이 스치면서 나는 속으로 경악했다. 등줄기에서 식은땀이 흘렀다. 호주나 캐나다로 보내진 15만 명 속에 그 소년이 포함되었더라면 어찌되었을 것인가. 소년은 강제송출 대상으로 필요충분조건을 갖추고 있었다. 그런데도 소년은 그 속에 포함되지 않았다. 이유는 아무도 모른다. 우연인가, 운명인가.

강제송출의 운명에서 기적적으로 벗어난 소년은 바로 찰리 채플린이다. 1889년 4월 16일, 소년은 런던에서 태어났다. 1889년이면, 대영제국이 '해가 지지 않는 나라'의 위용을 전세계에 과시하고 있을 때다. 대영제국의 심장부인 런던에서 태어났다는 사실만으로도, 식민지배를 받는 입장에서 보면 동경과 질시를 받을 만했다. 빛이 밝을수록 그늘은 짙은 법. 불행하게도 소년에게 주어진 환경은 대영제국의 휘황찬란한 광채의 어두운 그림자가 집약·압축되어 있었다.

채플린의 아버지 찰스와
어머니 한나

템즈강 남부의 램버스 지역은 런던의 대표적 빈민가. 소년은 이곳에서 나서 어린 시절의 대부분을 여기서 보냈다. 소년의 아버지 찰스 채플린은 뮤직홀의 가수였고, 어머니 한나 힐 역시 뮤직홀의 배우였다. 뮤직홀은 노래, 단막극, 코미디 등을 주로 공연하는 무대였는데, 당시 영국에서 큰 유행이었다. 두 사람은 무대에서 성공하겠다는 꿈을 갖고 있었다. 찰스와 한나가 결혼할 때, 이미 한나에게는 3개월 된 시드니라는 아들이 있었다. 찰스는 뮤직홀의 팸플릿에 이름과 얼굴이 실리는 가수였다. 그러나 거기까지였다. 뮤직홀의 유명 가수로는 성장하지 못했다. 한나는 더 초라했다. 공연 포스터의 맨 밑에 겨우 이름이 실리는 정도였다.

두 사람은 아들의 출생신고도 하지 않았다. 뮤직홀을 전전하는 불안정한 생활이었기에 출생신고를 하루 이틀 미루다 그렇게 된 것이다. 훗날 출생기록부가 없다는 사실로 인해 채플린 전기작가들은 어려움을 겪었다.

찰리 채플린이 태어나고 얼마 뒤 찰스 일가는 웨스트 스퀘어의 좀더 좋은 집으로 이사를 했다. 찰스는 희가

극 극장의 미국 순회공연을 위해 1년여 간 집을 비우게 되었다. 그런데 한나는 혼자 된 외로움에 뮤직홀의 스타였던 리오 드라이든과 짧은 사랑을 나눴고 그의 아들을 낳았다(리오는 한나를 거들떠보지 않다가 6개월이 지나 아이를 데려갔다).

미국에서 돌아온 찰스는 아내의 외도로 아이가 세 명이 되어버린 참담한 현실과 맞닥뜨렸다. 찰스는 집을 나갔다. 어머니의 외도에 이은 아버지의 가출로 가정은 풍비박산이 났다. 찰스는 가수로 계속 뮤직홀 무대에 섰지만 3류 가수 신세를 면할 수 없었다. 수입은 겨우 입에 풀칠할 정도였다. 좌절한 찰스는 술에 빠졌다. 술에 찌들대로 찌든 찰스는 10년 후 37살의 나이로 요절한다.

한웰보육원에 보내진 채플린

채플린이 태어나 자란 램버스 지역의 이스트 가는 지금 어떤 모습일까. 이스트 가는 지금도 여전히 빈민가였다. 노천시장이 서는데 아프로 캐리비안 푸드, 할랄 무슬림 푸드, 아프리칸 헤어 살롱, 무슬림 옷가게 등이 양옆으로 줄지어 있다. 내가 이스트 가에 들어섰을 때는 노천시장이 막 철수한 직후였다. 키가 큰 백인 여성이 버려진 채소 줄거리를 눈치를 살피며 장바구니에 주섬주섬 집어넣고 있는 모습이 보였다.

채플린이 태어난 이스트 가

남루함, 무절제, 비루함이 거리 전체에 넘실거린다. 채플린이 태어난 지 120년이 지났지만 이스트 가는, 가난한 사람들이 터잡고 사는 동네라는 면에서는 달라지지 않은 것 같다. 어떤 흑인이 초점 없는 눈빛으로 건물 모퉁이에 기댄 채서 있었다.

이스트 가는 돈 없고, 직업 없고, 부모 없고, 기댈 곳 없는 사람들을 보듬고 있었다. 이스트 가는 달리 보면, 가난한 사람들의 천국이지만 나는 이런 분위기가 여간 불편하지 않았다. 마치 과거 악명이 높았던 뉴욕 할렘가에 우연히 떨어진 여행객처럼 서둘러 거리를 벗어나고픈 마음뿐이었다. 나는 술집 '메이슨 암스'를 확인하고 그런대로 위안을 삼았다. 채플린은 런던에 돌아왔을 때 이스트 가에서 '메이슨 암스'만이 그대로 남아 있었다고 회상했었다.

이스트 가의 메이슨 암스

이스트 가에서 벗어나 다시 램버스 로로 접어들었다. 얼마쯤 걸었을까. 거구의 백인 여성이 흑인 여자아이의 손을 잡고 힘들게 앞에서 걷고 있었다. 여자는 이미 취해 있었다. 한눈에도 알코올중독자라는 것을 알 수 있었다. 짧은 순간이었지만 엄마는 딸에게 함부로 대하고 있었다. 여자의 표정에서 자신의 처지에 대한 끝없는 분노가 느껴졌다. 저 어린 아이가 정상적으로 교육받고 사회인으로 성장할 수 있을까. 이 군색한 동네를 벗어날 수 있을까. 소녀의 모습에서 어린 채플린의 모습이 오버랩되었다.

채플린의 어린 시절은 불행했다. 남편과 애인으로부터 버림받은 어머니는 모아둔 돈도 없이 홀몸으로 두 아이를 키워야 했다. 무명 배우의 수입으로는 어림도 없었다. 다락방에 거처하며 삯바느질로 겨우겨우 끼니를 때웠다. 아이들은 누더기 옷을 걸쳤고 더 값싼 거처를 찾아 이사를 밥 먹듯이 했다. 법원은 친부 찰스에게 생활비를 지급하라고 판결했으나 찰스는 의무이행을 회피했다. 아버지로서의 책임감보다는 아내에 대한 배신감이 더 컸기 때문이었을까.

나쁜 일은 몰아서 온다고 했던가. 채플린이 여섯 살 되던 해, 어머니 한나가 정신분열증세를 보였다. 병원 치료를 받은 뒤 증세가 호전되어 집에 돌아왔으나 얼마 뒤 또다시 분열증세를 보였다. 결국 법원에 의해 두 아이는 런던 변두리에 있는 한웰보육원에 보내졌다. 한 인간의 정서가 형성되는 가장 예민한 시기에 소년은 애정결핍의 상황에 내몰렸다. 의지할 사람은 네 살 위의 형 시드니밖에 없었다.

소년은 형과도 잠시 헤어져야 했다. 시드니가 극빈 아동들을 위한 선원 교육용 배 엑스마우스 호(號)에 승선했기 때문이었다. 돌봐줄 사람이 아무도 없는 런던에 내버려진 소년. 이 어린이가 홀로 감당해야 했던 외로움의 무게를 감히 누가 짐작조차 할 수 있을까. 1년 6개월 만에야 소년은 어머니와 형과 재회의 기쁨을 나눌 수 있었고, 세 식구는 또다시 탈출구가 보이지 않는 극빈자 생활을 시작했다.

1897년 한웰보육원 원생들 단체 사진. 원 안의 어린이가 일곱 살의 채플린이다.

옛 한웰보육원

한웰보육원은 채플린의 불우한 유년기를 상징하는 매우 중요한 장소다. 1931년 채플린이 런던을 방문했을 때 만사 제쳐놓고 한웰보육원부터 찾았다는 사실이 이를 증명해 준다. 보육원은 여전히 120년 전 건물 그대로 남아 있다. 지금은 주민문화회관으로 바뀌었다.

지하철 디스트릭트 라인 패딩턴 역에서 그린포드 행 기차를 타고 15분쯤 가면 '캐슬 바 파크' 역에 도착한다. 여기서 10분이 채 걸리지 않는다. 사전 약속 없이 무작정 문화회관 관리사무실을 찾아갔다. 70대 여성이 나왔다. 채플린에 대한 책을 쓰기 위해 한국에서 왔다고 나를 소개하자 그녀는 경탄을 하며 하던 일을 멈추고 채플린에 대해 설명하기 시작했다. 그리곤 사물함을 열어 안내책자를 선물로 주며 오래된 흑백사진을 꺼내 보여주었다. 1890년대 보육원생들이 단체로 식당에서 밥을 먹기 직전에 찍은 사진이었다. 그녀는 본관 건물 안에 있는 체육관으로 나를 안내했다. 채플린이 보육원생으로 지낼 때 식당으로 쓰이던 곳이다. 어린 채플린이 식사를 했던 공간! 체육관에서는 소년소녀들 20여 명이 교사의 지도로 음악에 맞춰 춤을 배우고 있었다.

희극배우로서의 재능

1898년, 캄캄한 소년의 운명에 희미한 한 줄기 빛이 비쳤다. 아역배우로의 진출이었다. 소년은 무엇보다 세 끼 걱정을 하지 않아도 된다는 점이 기뻤다. 소년을 배우의 길로 인도해 준 사람은 아버지 찰스였다. 찰스는 몇 주 동안 형제를 데리고 지내면서 아들의 재능을 발견했다. 비록 자신은 가수로 성공하지 못했지만 재능을 알아보는 안목은 있었다. 아버지는 지인에게 부탁해 아들을 아동극단 '랭커셔의 여덟 꼬마들'에 입단시켰다. 아동극단에서 소년은 6주 동안 탭댄스를 배운 다음 맨체스터의 왕립극장에서 〈어리숙한 이들〉이라는 연극으로 데뷔한다.

소년은 이후 2년간 이 극단을 따라 영국 순회공연을 다녔다. 그러나 아동극단의 배우 생활은 2년 만에 중단되었다. 병원에서 퇴원한 어머니가 배우 생활은 미래가 없다고 판단해 아들을 극단에서 나오게 한 것이다. 또다시 모자는 생계를 위한 투쟁에 뛰어들었다. 열두 살 소년이 할 수 있는 일이란 어디나 뻔하다. 이발사 조수, 병원 심부름꾼, 호텔 보이, 제지·유리·인쇄소 직공, 옷가지 행상 등을 하며 푼돈을 벌었다.

시드니는 사정이 달랐다. '엑스마우스 호'에서 배운 것을 적극적으로 활용했다. 1901년 초, 열여섯 살의 시드니는 나이를 열아홉 살로 속여 정기여객선의 급사 겸 나팔수

채플린의 형 시드니

로 승선한다. 먹고 자는 문제를 해결하고 월급까지 받게 된 시드니. 여객선이 런던에 들어오면 시드니는 어머니와 동생을 위해 생활비를 내놓곤 했다. 급사 겸 나팔수가 받는 월급이 변변할 리 없었지만 시드니가 알뜰살뜰 모아 내놓는 생활비는 입에 풀칠하기 바빴던 모자에게는 엄청난 거금이었다. 형제는 이때의 행복을 평생토록 잊지 못했다.

1903년 5월, 시드니가 집에 돌아왔을 때 동생은 또다시 혼자 남아 있었다. 어머니가 다시 정신병원에 들어갔기 때문이었다. 시드니는 동생을 더 이상 이렇게 내버려두어서는 안되겠다고 생각했다. 동생은 형의 격려에 용기를 내 스트랜드 거리에 있는 블랙모어 극단 사무실을 찾아갔다.

연극 〈셜록 홈즈〉에서 빌리 역을 맡은 채플린

마침 블랙모어 극단은 순회공연을 준비 중인 작품 〈셜록 홈즈〉의 급사 빌리 역을 찾고 있었다. 즉석 오디션이 벌어졌다. 소년은 급사 역만큼은 누구보다 잘 해낼 자신이 있었고, 결국 빌리 역을 따냈다. 1903년, 〈셜록 홈즈〉 공연이 열렸지만 호평을 받지 못했다. 그런 가운데서도 빌리 역을 맡은 신인배우 채플린은 예외였다. 그는 언론의 주목을 받으며 2년 이상 전국을 누볐다.

채플린은 희극적인 재능을 인정받게 되었다. 1905년 10월, 원작을 희극적으로 재구성한 단막극 〈셜록 홈즈〉가 요크 극장에 올려졌다. 이 작품에서도 빌리 역은 당연히 채플린에게 돌아갔다. 신인배우 채플린은 연극 거리인 웨스트엔드에 이름을 알리기 시작했다. 그의 나이 열여섯 살이었다.

1906년 초 채플린은 〈케이시의 궁전 서커스〉에 출연한다. 뒷골목 건달 이야기를 다룬 이 작품에서 채플린은 노상강도 역을 맡게 된다. 그는 이 역할에서 저 유명한 동작을 창조해 냈다. 한 다리를 옆으로 들어올린 뒤 다른 다리를 축으로 삼아 90도 방향을 트는 동작이다. 훗날 탄생하게 되는 '떠돌이'의 상징 동작이다.

1906년 7월, 시드니는 프레드 카노가 이끄는 '무성 희극배우단'과 계약을 맺는다. 프레드 카노는 뮤직홀 계를 주름잡고 있던 최고의 촌극 흥행주였다. 카노는 짧은 팬터마임 형태의 촌극을 주로 제작했다. 그는 웃음을 어떻게 만들어내는지를, 그리고 희극의 격조

〈케이시의 궁전 서커스〉에서 주연을 맡았을 때의 채플린

를 높이는 데 비극적 요소가 곁들여져야 한다는 사실을 꿰뚫어보고 있는 인물이었다. 시드니가 카노극단 멤버가 되었다는 것은 희극배우로서 어느 정도 성공이 보장된 것이나 마찬가지였다. 또한 카노와의 만남은 동생 찰리의 운명을 바꿔놓는 계기가 되었다.

카노극단에서 인정을 받은 시드니는 동생을 극단에 추천했다. 카노는 찰리를 면접했으나 마음에 들지 않았다. "찌푸린 표정에 빈약한 체구의 창백한 이 젊은이는 무대 일을 하기에는 너무 소심한 것 같다"는 이유에서였다. "찌푸린 표정에 빈약한 체구"는 그의 불행한 가정환경으로 인한 결과였다. 시드니가 집요하게 부탁하자 카노는 찰리를 연기테스트 해본 후 2년 계약을 맺었다. 찰리는 불과 몇 주 만에 카노극단의 떠오르는 스타가 되었다. 극중극 형태인 〈머밍 버즈〉에서 그는 술주정뱅이 역할을 맡았다. 급사와 마찬가지로 술주정뱅이 역할 역시

그가 어려서부터 진저리나게 보아왔던 것이었다. 그는 주정뱅이 역을 실감나게 해냈고 관객들로부터 폭발적인 호응을 이끌어냈다.

1910년 4월, 카노는 새로 제작하는 촌극 〈겁 없는 지미〉의 주연을 찰리에게 맡겼다. 그는 불과 2년 만에 카노극단의 주연배우로 성장했다. 카노극단에 들어가고 극단의 스타로 인정을 받았다는 사실은 '배우 찰리 채플린'의 모든 것을 결정지은 것이나 마찬가지였다. 훗날 채플린은 자신의 회고록《찰리 채플린, 나의 삶》에서 카노극단 시절을 이렇게 회상했다.

"카노의 공연물들은 전통적인 팬터마임에 전적으로 충실했다. 묘기, 어릿광대짓, 감동적인 훈훈한 웃음, 우수, 촌극, 무용, 곡예…… 이러한 모든 것들을 절도 있게 혼합하여 영국적인 희극성을 자아내는 데

프레드 카노가 이끄는
희극배우단

그는 가히 독보적인 존재였다."

　이 말은, 채플린이 비록 미국으로 건너가 무성영화라는 새로운 미디어 환경에서 불멸의 대스타가 되었지만 그 토대는 영국에서 만들어졌다는 것을 의미한다. 채플린이 수많은 무성영화에서 대중에게 전달하고자 했고, 또 대중의 교감을 이끌어낸 메시지 역시 런던 시절의 경험이 바탕이 되었다. 지저분한 거리, 구질구질한 골목, 그리고 그곳 사람들의 살아가는 방식은 찰리의 무의식에 똬리를 틀고 생각의 지도가 되었다.

첫사랑, 헤티 켈리

　청소년기의 정서적 각인이 일생에 걸쳐 영향을 미친다는 점에서 찰리의 첫사랑도 눈여겨 볼 필요가 있다. 애정 문제는 한 인간의 생애를 이해하는 데 결코 간과할 수 없는 중요한 요소다. 첫사랑 헨리에타 켈리는 15살로 극단 '양키 두들걸스'의 무용수였다.

　1908년 늦여름, 채플린은 켈리를 극장에서 처음 만났다. 양키 두들걸스는 카노극단과 합동으로 스트래덤 엠파이어극장에서 공연하고 있었다. 무대의 한쪽에 서 있던 채플린은 춤을 추고 있는 한 무용수에게 시선이 쏠렸다. "보기 좋은 계란형 얼굴에 매혹적이고 탐스러운 입매, 아름다운 이를 지닌 날씬한 사슴" 같은 여자였다. 무용수는 무대를 내려오면서 채플린에게 거울을 들어달라고 부탁했다.

　다음날 채플린은 두번째로 켈리를 만났고, 첫 데이트 신청을 했다. "일요일 오후에 케닝턴 게이트에서 만나요." 채플린은 큰맘 먹고 은행에서 3파운드를 찾았다. 일요일 오후 케닝턴 게이트에서 켈리를 만나 트로카데로 식당으로 갔다. 평소 그 앞을 지나다니면서 언젠가는 꼭

한번 가겠노라고 벼르던 식당. 켈리는 음식을 잘 먹었지만 채플린은
비싼 음식이 목에 넘어가지 않았다. 이미 채플린은 켈리에게 사랑을
느끼고 있었다. 누구나 일생에 딱 한 번 경험하게 되는 첫사랑의 오묘
한 설렘과 황홀한 떨림을.

첫 데이트를 마치고 채플린은 켈리를 집까지 데려다주었다. 훗날
채플린은 그날의 느낌을 "나는 더없이 황홀한 내면의 흥분으로 천국
속을 걷고 있었다"고 썼다. 월요일에 두 사람은 손을 잡는 사이가 되
었다. 화요일과 수요일에도 채플린은 이른 아침 그녀의 집으로 가서
그녀를 데리고 연습실까지 데려다주었다. 하지만 목요일이 되자 켈리
의 태도가 달라졌다. 켈리는 손을 잡으려고도 하지 않았고, 그가 지나
친 요구를 하고 있다고 말했다.

채플린은 금요일에도 켈리 집으로 찾아갔다. 켈리의 어머니는 전날
딸이 집에 울고 들어왔다고 말하면서 돌아가라고 했다. 조금 시간이
흐른 뒤 어머니는 마음을 누그러뜨리고 그를 집안으로 들어오게 했

첫사랑 켈리를
만나던 케닝턴 게이트

다. 켈리는 막 세수를 한 맨얼굴로 채플린 앞에 마주 앉았다. 그녀는 싸늘했다.

그것이 마지막 만남이었다. 채플린은 60년이 지난 뒤에도 이 마지막 만남을 생생하게 기억했다. "그녀에게서 상큼한 선라이트 비누 냄새가 났었다." 나흘간의 데이트는 평생 다시는 경험하지 못할 황홀한 느낌이었다.

채플린은 왜 그토록 성급한 고백을 했을까. 그 어떤 준비도 없는 상태에서. 모성결핍이 원인이었다. 뼈에 사무치는 고독 속에서 성장한 채플린이었기에 누구보다 애정에 목말랐고, 그랬기에 처음 찾아온 사랑을 한여름 냉수처럼 벌컥벌컥 들이켜고 싶었던 것이다.

채플린의 첫사랑은 첫 만남에서 이별까지 11일 걸렸다. 데이트다운 데이트는 일요일 단 하루뿐이었다. 그 외에는 켈리의 집에 가서 그녀를 연습실까지 데려다주는 길에 만난 것이 전부였다. 이루지 못한 첫사랑을 채플린은 죽을 때까지 잊지 못했다. 그로부터 13년 후에 채플린은 이렇게 썼다.

"케닝턴 게이트. 거기에는 추억이 담겨 있다. 슬프고 감미롭고 빠르게 스쳐가는 추억들이. 내가 헤티와 처음 만나기로 약속한 장소가 이곳이었다. 몸에 조금 끼는 프록코트와 모자와 지팡이로 잘 차려입었던 나! 4시가 되도록 전차들을 하나하나 지켜보면서 헤티가 내리기를 기다리고, 그녀가 쳐다보았을 때 미소를 지었던 나는 정말 멋쟁이였다. (……) 그 길은 지금 너무나도 황홀하다. 그 길은 또다른 산책을 하라고 부추기고 있다. 전차가 오는 소리에 나는 간절한 심정으로 몸을 돌린다. 그때와 똑같이 단정한 헤티가 미소를 지으며 전차에서 내리는 그 순간을 기대하기라도 하듯. 이윽고 전차가 멈춰 선다. 남자들 몇이 내린다. 나이 든 여자 한 사람. 아이들 몇 명. 하지만 헤티는 없다. 헤티는 가버렸다. 프록코트를 입고 지팡이를 든 그 젊은이도."

채플린, 이곳에 살다

채플린에게 첫사랑의 감미로운 떨림을 가슴 깊이 새겨준 케닝턴 게이트로 가보자. 현재 런던에는 케닝턴 게이트라는 지명이 없다. 자료에 따르면 케닝턴 공원과 켐버웰 뉴로드가 만나는 곳에 케닝턴 게이트가 있었다고 한다. 이곳을 찾는 가장 빠른 방법은 지하철 노던라인 오벌 역에서 내리는 것이다. 케닝턴 공원과 켐버웰 뉴로드가 만나는 지점에 작은 공터가 있고, 거기에 6미터 높이의 기념비가 서 있었다. 'Kennington'이라는 글자가 선명하다. 채플린이 첫사랑을 기다리던 케닝턴 게이트가 있던 자리라는 뜻이다.

혹시나 하는 마음에 지나가는 한 남성에게 물어보았다. 채플린에 대한 글을 쓰기 위해 한국에서 왔는데 근처의 채플린 관련 장소를 아는 지를 물었다. 그는 "내가 채플린이 살았던 곳을 안다. 그곳에 블루 플라크가 붙어 있다"고 했다. 그가 안내해 준 곳은 얼마 떨어지지 않은 곳에 있었다. 메슬리 가의 한 2층집에 블루 플라크가 반짝이고 있었

캠버웰 뉴로드 이정표

다. "Charlie Chaplin, 1889~1977, film maker and water rat, lived here 1898~1899."

1898년이면, 채플린이 아버지의 손에 이끌려 아역배우의 길로 들어섰을 때다. 블루 플라크를 제작해 부착한 단체는 '죽은 코미디언협회(The Dead Comic Society)'. 그런데 명판의

'water rat'은 무슨 뜻일까? 지나가는 20대 여성에게 물었다. 고개를 흔든다. 다시 30대 남성에게 물었다. 그도 모른다고 했다. 영국인도 모르는 표현을 썼다는 점이 이해가 되지 않았다. 휴대폰 사전을 찾아보니 속어로 "강가를 어슬렁거리는 부랑아"라는 뜻이다. 그러면 그렇지! 영국인들이 모를 수도 있겠다는 생각이 들었다. 영화 제작자 겸 부랑아. 웃음이 나왔다. 역시 '죽은 코미디언협회'답다. 그런데 30대 남자가 전혀 예상하지 못한 얘기를 해주었다. "큰길로 나가면 태번(펍)이 두 개 있는데, 두 번째 태번 옆에 채플린이 살던 집이 있다."

채플린이 살던 메슬리가의 2층집. 블루 플라크가 붙어 있다.

케닝턴로드 287번지 타운하우스에 브라운 플라크가 붙어 있었다. 햇살 때문에 사진을 찍을 수가 없어서 햇살이 약해지기를 기다리기 위해 잠시 근처 태번을 찾았다. '더 도그 하우스(The Dog House)'였다. 술집 이름이 재미있다는 생각을 하며 주문을 하려고 계산대 쪽으로 가는데 낯익은 그림이 벽에 걸려 있다. '떠돌이'였다. 눈이 휘둥그레졌다. 왜 부랑자가 저기에? 다가가서 보니 놀랍게도 이런 글이 써 있었다.

"Charlie's Dad drank in here(찰리의 아버지가 여기서 술을 마셨다)."

우연히 들어간 태번은 아버지 찰스의 단골 술집이
었다. 벽은 군데군데 그을린 자국이 있었고, 칠은
벗겨지거나 들떠 있었다. 찰리의 아버지가 앉았던
자리에 앉았다. 가슴이 뛰었다. 1900년대의 케닝턴
로드에 와 있는 듯한 느낌이었다. 어린 채플린이 옆
집에 살고 있고 소년의 아버지가 이곳에서 술잔을
기울이고 있는 듯한.

문득 의문이 들었다. 아버지 찰스 채플린의 인생은 실패한 것일까?
그가 아들의 재능을 알아보고 배우의 길로 안내하지 않았던들 불멸의
떠돌이가 탄생할 수 있었을까?

떠돌이의 탄생

1910년 가을, 채플린은 미국 순회공연을 떠나는 카노극단의 주인공
으로 발탁되어 미국행 정기여객선에 동료 배우들과 함께 몸을 실었
다. 그는 21개월간 뉴욕, 시카고, 샌프란시스코, 로스앤젤레스 등 미국
전역을 누볐다. 섬나라의 희극배우는 광활한 아메리카 대륙에 흠뻑
빠졌다. 그리고 이렇게 썼다. "드넓은 공간은 영혼을 치유한다. 그것
은 영혼을 확장시킨다."

드넓은 미국 땅을 밟은 후 다시 돌아온 영국, 채플린은 모든 것이
답답하기만 했다. 채플린이 미국에 있는 동안 형 시드니가 결혼해 분
가해 버렸기 때문에 그는 또다시 혼자가 되었다. 채플린은 이전과는
다른 외로움을 느꼈다. 돌파구가 필요했다. 1912년 10월, 카노극단의
미국 순회공연단에 합류했다. 두 번째 미국 순회공연이 그의 운명을
바꿔놓았다.

1913년 필라델피아에서 공연할 때였다. 키스턴 영화사 사장 맥 세넷이 채플린을 발견했고, 영화에서도 성공할 수 있는 '물건'임을 알아보았다. 키스턴 영화사가 계약을 제안했다. 주급 150달러. 카노극단에서 받는 주급의 2배! 맥 세넷은 희극배우로 출발해 일찌감치 영화 제작 쪽으로 방향을 바꾼 사람이었다. 바이오그래피 영화사에서 당대의 영화감독 D. W. 그리피스 밑에서 연출을 배운 맥 세넷이 전공 분야로 특화한 것은 희극 분야였다. 맥 세넷은 희극 영화를 만들기 위해 바이오그래피 영화사 시절 알게 된 감독을 비롯해 신인 배우들을 끌어모았다. 서커스단 배우부터 거리의 연예인까지. 그는 우스꽝스런 캐릭터를 전부 끌어모으던 중에 영국 출신의 희극배우 채플린을 발견했다.

더 도그 하우스의 내부. 떠돌이·캐릭터가 보인다.

채플린이 키스턴과 계약을 맺고 할리우드에 도착한 때가 1913년 12월. 키스턴 영화사는 일주일에 두 편씩 영화를 찍었다. 이런 초스피드 제작 공정에서는 감독의 연출보다 배우의 연기가 더 중요했다. 배우 개개인의 재능과 내공이 드러날 수밖에 없었다.

채플린이 첫번째로 출연한 영화는 헨리 레만 감독의 〈생활비 벌기〉. 사기꾼 기질이 있는, 기자 지망생의 빈털터리 남자 역할이었다. 촬영이 끝나고 편집 과정에서 채플린은 자신의 연기가 마구 잘려나가는 것을 보고 레만 감독의 연출력에 의구심을 품기 시작했다.

두 번째 영화 촬영을 앞둔 1914년 1월, 채플린은 영화배우로서 독창

채플린의 재능을 한눈에
알아본 키스턴 영화사의
맥 세넷 사장

적인 캐릭터를 창조할 필요를 느꼈
다. 채플린은 혼자 의상 창고에 들어
갔다. 시간이 얼마나 흘렀을까. 의상
실 창고 문이 열리고 한 인물이 걸어
나왔다. 이제까지 어디에도 존재한
적이 없는 인물, 그러나 오늘날까지도
지구상에서 가장 유명한 캐릭터 '떠
돌이'였다. 낡고 헐렁한 바지에 꽉 끼
는 웃옷, 커다란 구두와 작은 중산모,

짧은 콧수염과 대나무 지팡이. 비애를 자아내는 희극적 캐릭터 '떠돌
이'가 탄생한 것이다. 이후 할리우드 희극은 거칠고 조잡한 웃음에서
비극적 분위기를 띤 격조 있는 희극으로 격상했다는 평가를 받게 된다.

대중이 '떠돌이'라는 캐릭터를 처음 만난 것은 영화 〈베네치아의
어린이 자동차 경주〉였다. 관객들은 순식간에 허구의 인물 '떠돌이'
에 매료되었다. 사람들은 웃음 속에서 비극적 페이소스를 뿜어내는
떠돌이에 열광했다. 영화 배급업자들의 전화가 키스턴 영화사에 쇄도
했다.

채플린은 노골적으로 헨리 레만 감독의 연출 방식에 불만을 드러냈
다. 맥 세넷은 스타로 부상한 '떠돌이'를 영화에 출연시키기 위해서는
채플린의 요구를 들어주는 수밖에 없었다. 맥 세넷은 채플린에게 자
신이 출연하는 영화를 직접 연출하도록 했다. 그렇게 해서 〈사랑의 20
분〉과 〈빗속에 갇혀〉가 채플린 감독·주연으로 만들어졌다. 1914년
6월부터 〈틸리의 무너진 사랑〉을 제외하고 채플린은 자신이 출연한
모든 영화를 직접 연출했다.

유럽에서 세계대전이 발발했으나 신대륙은 이와 무관한 듯했다. 채

플린의 연출력은 무서운 속도로 성장
했다. 그는 영상언어를 누구보다 빨리
이해했다. 그 어떤 배우도 채플린만큼
탄탄한 무대 경험을 가진 사람은 없었
다. 그는 희극의 본질을 가장 잘 아는
배우이자 감독이었다. 채플린은 무대
화법을 영상 화법으로 환치시키는 놀
라운 재능을 보였다.

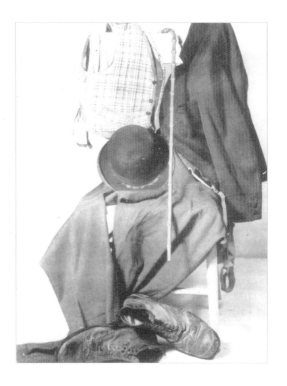

키스턴 사와의 계약이 만료되자 채
플린은 에사네이 영화사와 주급 1,250
달러로 계약을 맺었다. 그러나 에사네
이 영화사의 스튜디오 규칙은 너무 엄
격했다. 충분한 시간과 자유로운 분위
기를 원하는 채플린과는 맞지 않았다.

떠돌이 캐릭터 의상

이런 가운데서도 채플린은 〈그의 새 직장〉, 〈공원에서〉, 〈해변에서〉,
〈챔피언〉, 〈떠돌이〉 등 14편의 영화를 만들었다. 대부분이 런던 뮤직
홀 시절 출연한 연극을 영화화한 것이다.

채플린은 이제 유럽에서도 유명인사가 되었다. 신문 연재만화의 주
인공으로 곧잘 등장했고, 유행가 가사에까지 그의 이름이 나왔다. 전
쟁의 화염이 구대륙을 뒤덮을수록 사람들은 더욱더 채플린에 빠져들
었다. 일부 언론에서 채플린을 병역 기피자라고 공격했지만 대중은
흔들리지 않았다. 절망과 비통이 흐르는 후방의 삶에서 유일한 웃음
을 주는 것이 채플린의 영화였다. 채플린은 전방의 병사들에게 우상
으로 자리잡았다.

에사네이 영화사 시절 그는 '채플린 사단'을 만들기 시작했다. 감독

영화 〈그의 새 직장〉의
한 장면

채플린은 자신의 영화에 전속 출연하는 배우를 하나둘씩 영입했다. 악역 연기로 유명해지는 거대한 몸집의 버드 제이미슨, 멋쟁이 신사로 자주 등장하는 리오 화이트, 미모의 여배우 에드나 퍼바이언스 등. 에드나 퍼바이언스는 30편 이상의 영화에 채플린과 함께 출연했고, 몇 년 동안 채플린의 연인으로 지내기도 했다.

1916년 초, 채플린은 에사네이 영화사와 결별하고 자율을 보장해 주는 영화사를 찾기로 했다. 이때 채플린에게 든든한 후원자가 생겼다. 형 시드니가 미국으로 이주해 동생의 매니저를 맡게 된 것이다. 시드니는 뮤추얼 영화사와 계약 조건을 협의했다.

희극에 감동의 색채를 입히다

1916년 2월 26일, 뮤추얼 영화사는 배우 채플린과 67만 달러에 계약했다. 당시로서는 천문학적인 금액이었다. 뮤추얼 사의 투자는 이것으로 끝나지 않았다. 채플린의 모든 요구를 들어주었고, 로스앤젤레스의 론스타 스튜디오를 채플린 전용 스튜디오로 제공했다. 뿐만 아니라 완벽한 자율을 보장했다.

채플린은 자신과 호흡이 맞는 스태프와 배우들을 영입하는 데 공을 들였다. 카노극단 시절 험악한 역할을 주로 맡았던 앨버트 오스틴, 스코틀랜드 출신의 거구 에릭 캠벨, 헨리 버그만도 속속 채플린 사단에

합류했다. 에사네이 시절 알게 된 촬영기사 롤랜드 타서로도 채플린
과 손을 잡았다. 타서로는 1936년 작품 〈모던 타임스〉까지 모든 채플
린 영화의 촬영 주임기사를 맡았다. 육중한 체구인 헨리 버그만은 20
년 이상 채플린 곁을 지켰다.

채플린이 뮤추얼 사에서 영화를 만든 기간은 1년 4개월에 불과했
다. 그러나 이 기간은 영화사에서 촬영방식의 혁명을 가져온 시기였
다. 영화 제작에 간섭을 받지 않게 된 채플린은 만족할 때까지 같은 장
면을 반복해서 촬영했다. 그때까지 대부분의 감독들은 결정적인 실수
나 오류를 제외하고는 반복 촬영을 하지 않았다. 채플린은 완성된 시
나리오를 갖고 영화를 찍는 방식이 아니라 촬영 진척 상황에 따라 스
토리와 장면을 만들어갔다.

잡지 〈패밀리 저널〉의
겉표지

이 시기에 주목할 만한 점은 채플
린이 희극적 요소에 감동의 색채를
더하기 시작했다는 것이다. 채플린은
웃음에 그 이상의 의미를 담아내고자
했다. 21세기를 살아가는 우리가 채
플린의 영화를 보면 마음이 훈훈해지
는 이유다. 1916년에 제작된 〈방랑자〉
가 바로 마음이 따뜻해지는 그런 영
화다. 이때부터 채플린 영화를 보는
비평가들의 눈도 달라지기 시작했다.

뮤추얼 사와의 계약이 만료된 후
그는 1917년 6월 17일 '퍼스트 내서
널 이그지비터스 서킷' 사와 새 계약
을 체결했다. 채플린은 감독과 주연

외에도 제작까지 맡게 되었다. 영화사는 배급권만을 갖는 계약이었다. 그는 서킷 영화사에서 4년 동안 모두 8편의 영화를 찍었다. 그리고 로스앤젤레스에 새 스튜디오를 세웠다. 채플린은 이 스튜디오에서 미국을 떠날 때까지 영화 작업을 했다. 훗날 이곳은 세계의 수많은 명사들이 둘러보는 명소가 되었다.

1917년 미국이 유럽의 세계대전에 참전했다. 3년을 끌어온 전쟁은 미국의 참전으로 전세가 급격히 연합군 쪽으로 기울었다. 유럽에서 전쟁이 한창이던 1918년 서부전선을 배경으로 한 영화 〈어깨총〉이 개봉되었다. 비극적인 전쟁을 희극화한다는 것은 당시의 시대상황에서는 위험천만한 발상이었다. 병사가 최전선에서 겪어야 하는 일상화된 위험, 궁핍과 공포, 향수병 등을 그는 비극성을 곁들인 희극으로 승화시켰다. 가히 채플린다운 상상력이었다. 〈어깨총〉은 놀랍게도 전쟁에 참전했던 군인들에게 폭발적인 인기를 누렸다. 그들은 전쟁의 비참함이 희화(戱化)된 이 영화에 전혀 불쾌해 하지 않았다. 그들은 〈어깨총〉을 통해 전쟁터에서 받은 트라우마가 무의식의 심층에서 하나씩 표층으로 떠올라 치유되는 경험을 맛보았다. 〈어깨총〉은 정신과 치료제 역할을 한 영상이었다.

영화는 계속 성공했지만 채플린은 상상력의 고갈에 직면했다. 연인 에드나 퍼바이언스와의 관계가 시들해지면서 사생활에서 활력을 찾지 못한 결과였다. 그즈음, 16살의 여배우 밀드레드 해리스가 채플린 앞에 나타났다. 채플린은 해리스에게서 잃어버린 첫사랑 헤티 켈리의 모습을 발견했다. 사랑은 불처럼 타올랐고, 채플린은 1918년 9월 해리스와 결혼한다.

결혼생활은 처음부터 삐걱거렸다. 해리스는, 헤티 켈리를 닮았다는 사실 외에는 채플린의 배우자가 되기에는 모든 것이 부족했다. 두 사

람 사이에 아이가 태어났지만 불행하게도 아이는 기형아였고, 사흘밖에 살지 못했다. 두 사람은 2년 후 이혼했다. 채플린은 그뒤로도 10대 소녀와 자주 사랑에 빠지곤 했다. 10대 소녀와 공식적으로 네 번 결혼했고 세 번 이혼했다. 채플린의 이런 성적 취향을 '롤리타 콤플렉스'로 해석하기도 한다.

아이의 죽음과 결혼 실패. 절망의 밑바닥에서 채플린은 다시 희망을 찾았다. 〈키드(Kid)〉의 주연 선발 오디션을 시작했다. 아역 배우 재키 쿠건을 만난 것은 축복이었다. 〈키드〉는 미혼모가 버린 갓난아기를 우연히 떠돌이가 떠맡아 양아들로 키우면서 벌어지는 이야기로, 채플린의 최고 걸작으로 평가받는다. 〈키드〉의 명장면은, 떠돌이가 양아들 존이 병이 나자 가정의를 부르는 장면에서 시작된다. 의사가 양아들이 호적 기록이 없는 고아라는 사실을 알고는 고아원에 신고하고,

고아원 직원들이 존을 강제로 고아원에 보내려고 한다. 이 과정에서 떠돌이와 공무원들이 싸움을 벌이고, 트럭에 태워진 존은 떠돌이와 헤어지지 않으려고 울부짖는다.

대사 한 마디 나오지 않는 무성영화지만 행동과 표정만으로 부모와 자식의 생이별의 슬픔이 생생하게 전달된다. 이 장면은 채플린이 소년 시절 받은 마음의 상처를 표현한 것이다. 정신질환을 앓고 있는 어머니가 발작을 일으킬 때마다 강제로 고아원에 보내졌던 유년기의 채플린이 존에 그대로 투영되었다. 〈키드〉는 1921년에 개봉되어 채플린 영화사상 대히트를 기록했고, 네 살짜리 재키 쿠건은 세계적인 아역 스타가 되었다.

고향의 환영 인파

1921년 8월, 미친 듯이 영화를 찍던 채플린은 불현듯 향수병에 걸렸다. 그는 어느 작가의 집에 초대를 받아 영국식 스테이크와 콩팥구이를 먹고는 까마득히 잊고 있던 고향의 맛이 그리워 견딜 수가 없었다. 맛에 대한 정서적 각인처럼 강력하게 사람을 움직이는 것은 없다.

9년 만의 귀국은 세계적인 빅 뉴스였다. 뉴욕에서 올림픽 호를 타고 유럽으로 향하는 그의 일거수일투족이 신문에 실렸다. 채플린 일행은 배에서 내려 기차를 타고 런던으로 향했다.

워털루 역에는 그의 개선을 직접 보려는 수만 명의 환영 군중이 운집했다. 왕실이나 국가 행사를 제외하고는 처음 있는 일이었다. 워털루 역은 그가 어릴 적부터 수없이 놀러온 곳이었다. 9년 전 워털루 역을 통해 런던을 떠날 때 그를 배웅한 사람은 한 사람도 없었지만 지금은 환영 인파 때문에 워털루 역 정문을 겨우 빠져나와야 할 만큼 유명

영화 〈키드〉의 한 장면

인사가 되어 있었다.

위털루 역 정문도 바뀌어 있었다. 정문은 1차대전에서 전사한 위털루 역 직원들을 추모하기 위해 설계된 기념물이다. 1차대전을 나타내는 '1914~1918'이라는 숫자가 새겨져 있다. 그리고 아치형 장식물에 벨기에, 프랑스, 이탈리아, 이집트 등 전사자들이 산화한 나라 이름이 새겨졌다. 정문 자체가 하나의 예술품으로 손색이 없는 위털루역은 20세기 후반부터 2007년까지 도버해협을 지나는 열차 역으로 쓰였다.

채플린은 위털루 역에서 차를 타고 숙소인 리츠 호텔로 갔다. 피카딜리 가에 있는 리츠 호텔은 외국의 국빈, 왕족 등이 주로 묵는 호텔이다. 연도를 가득 메운 군중들이 차도로 밀려들어 차량의 진행 속도는 매우 더뎠다. 리츠 호텔 앞에 도착한 그는 승용차에서 내리자마자 군중에 떠밀려 몸이 붕 뜬 상태로 호텔에 들어가야 했다. 경찰과 호텔 직원들은 호텔 로비로 들어오려는 군중을 겨우 밀쳐낼 수 있었다.

워털루 역 정문

리츠 호텔은 지금도 피카딜리 가 150
번지에 있다. 대한항공 런던 지점과 길
하나를 사이에 두고 마주보고 있다. 리
츠 호텔은 1921년의 모습 그대로다. 정
문은 회전문으로 한 사람이 겨우 통과할
만큼 비좁다. 호텔 로비는 아담하게 느
껴질 정도로 작지만 우아하고 품격이 있
다. 2층으로 올라가는 나선형 계단은 호
텔의 격조를 높인다.

'애프터눈 티'로 유명한 '팜 코트(Palm
Court)'는 로비와 붙어 있지만 여닫이문
이 가로막고 있다. 문 양옆에는 호텔 정
복 차림의 직원이 마치 왕궁 근위병처럼
서 있다. 리츠 호텔의 바, 팜 코트, 레스토
랑에는 엄격한 드레스 코드가 적용된다.
재킷을 걸치고 넥타이를 매야 한다. 청바
지를 입으면 입장이 허용되지 않는다. 품
위와 허영에는 형식과 돈이 수반된다.

금의환향한 고향에서 채플린이 가장
먼저 하고 싶은 것은 무엇이었을까? 그
는 어린 시절 자신의 모습이 아로새겨진
그 거리가 가장 먼저 보고 싶었다. 그는

리츠 호텔 정문(위)과
호텔 측면(아래)

직원 전용 뒷문으로 몰래 호텔을 빠져나가 혼자 택시를 타고 케닝턴
가로 향했다. 케닝턴 가에 도착하자마자 그는 뇌리에 박혀 있는 장소
와 인상을 찾아다녔다. 대부분이 변하지 않고 그대로였다. 캔터베리

뮤직홀 옆 아치 밑, 크라이스트 처치, 백스터 홀, 케닝턴 목욕탕, 케닝턴 크로스……. 체스터 가로 가서 자신이 사환으로 일하던 이발소를 찾아갔다. 그때의 이발사는 이미 세상을 뜨고 없었지만 그가 아침마다 세수를 하던 물통은 그대로 있었다. 채플린은 물통을 보고는 울컥했다.

헤티 켈리와의 첫 데이트의 설렘이 아로새겨져 있는 케닝턴 게이트, 혼스, 케닝턴 크로스도 찾아가보았다. 채플린은 첫사랑 헤티 켈리를 만나보고 싶었다. 그러나 그녀가 3년 전 유럽을 휩쓴 스페인 독감에 걸려 사망했다는 사실을 알고는 낙심한다.

며칠 뒤 채플린은 일행과 함께 늦은 밤에 파우널 테라스 3번지를 찾았다. 채플린은 이곳에서 다락방을 빌려 살았었다. 채플린이 방문했을 때에는 1차대전 때 남편을 잃은 레이놀즈 부인이 다락방에 살고 있었다. 채플린은 천장이 경사진 이 다락방에 살면서 천장에 수없이 머리를 부딪혔다. 그는 다락방에서 하룻밤을 지내고 싶다고 청했고, 세계적인 스타는 십수 년 전 기거했던 초라한 방에서 기꺼이 하룻밤을 보냈다.

상업성과 예술성에서

〈키드〉에 이은 히트작은 〈황금광 시대〉. 캘리포니아의 골드러시는 과거완료형이었지만 캐나다 북부의 유콘 준주(準州)에서는 골드러시가 현재진행형이었다. 툰드라 지역인 클론다이크 금광지대에 일확천금을 노리고 몰려드는 인간 군상들. 채플린은 우연히 클론다이크 금광지대와 관련된 입체화를 보고는 영화의 영감을 얻었다. 도저히 희극적 소재가 될 수 없을 법한 소재가 채플린이라는 천재의 눈에 들어오는 순간 기막힌 희극 영화로 탈바꿈했다. 채플린은 이 영화에서 떠돌이가 아닌 노다지를 캐러 온 모험가의 한 사람으로 나온다.

채플린은 〈황금광 시대〉의 여주인공 역을 〈키드〉에서도 함께 작업했던 열여섯 살의 리타 맥머리에게 맡겼다. 하지만 촬영을 시작한 지 8개월 만에 영화는 중단되었다. 리타가 임신했다는 사실이 알려졌기 때문이다. 채플린은 결혼식을 올리는 것으로 사태를 수습했다. 조급한 결혼의 반복이었다. 채플린은 〈황금광 시대〉의 여주인공을 조지아 헤일로 교체할 수밖에 없었다. 채플린은 리타와의 사이에 두 아들 찰스 스펜서와 시드니 얼을 두었다.

1925년에 개봉된 〈황금광 시대〉는 상업성과 예술성에서 모두 성공했다는 평가를 받았다. 〈황금광 시대〉의 명장면은 굶주림에 정신이 혼미해진 주인공이 식사를 하는 장면이다. 낡아빠진 헌 구두를 접시 위에 올려놓고 정성을 다해 맛있게 음식을 먹는다. 구두끈이 마치 스파게티의 국수가닥인 것처럼. 이 장면은 눈 덮인 산 속에 갇힌 이주자들이 살아남기 위해 동료들의 인육(人肉)을 먹었다는 이야기에서 착상했다. 채플린은 회고록에서 이렇게 쓴다.

"역설적이지만 한 편의 희극성을 창조함에서 그 희극성을 돋보이게 하는 장치로 이용되는 것은 비극성입니다. 희극성이라는 것이 반항적인 태도에서 비롯되기 때문일 것입니다. 전지전능한 자연 앞에 선 우리의 미약함을 발견하고 취할 수 있는 대처 수단이란 웃음밖에 없을 것입니다. 아니면 미쳐버리고 말겠지요."

다음 작품은 〈서커스〉. 떠돌이가 주인공인 〈서커스〉는 시작부터 불운의 연속이었다. 실제 크기의 서커스 천막이 폭풍우 때문에 무너져 촬영이 지연되었고, 현상 과정의 실수로 그동안 촬영한 필름을 폐기해야만 했다. 촬영 개시 9개월이 되어서는 화재로 스튜디오 대부분

영화 〈황금광 시대〉의
한 장면. 낡은 구두를
요리해서 먹고 있다.

이 불타버렸다. 불운은 이것으로 끝나지 않았다. 미국 정부는 채플린
을 100만 달러 이상의 탈세 혐의로 기소했다. 리타와 별거를 시작한
것도 이때였다. 1927년 1월, 리타는 이혼소송을 제기했다. 언론은 때
를 만난 듯 몇 개월간 이혼소송을 톱뉴스로 다뤘다.

법원은 채플린에게 리타에게 60만 달러, 두 아들에게 각각 10만 달
러를 지급하라는 판결을 내렸다. 미국 역사상 최대의 위자료 판결이
었다. 일부 여성단체들이 '채플린 영화 안보기 운동'을 벌이기도 했
다. 그러나 그의 명성은 흔들리지 않았다. 프랑스 지식인들은 채플린
지지 성명을 발표하기도 했다. 위선의 나라 미국을 떠나 소련으로 망
명하라는 얘기도 나왔다. 우여곡절 끝에 〈서커스〉는 1928년 1월에 개
봉되었다.

발성영화 시대의 개막

과학기술의 진보는 마침내 영화에 사람의 목소리를 넣는 데 성공했다. 발성영화 시대의 개막! 할리우드에 혁명의 해일이 밀려온 것이다. 영화사들은 앞다투어 스튜디오에 음향시설을 들여놓았다. 외모와 목소리가 어울리지 않는 무성영화 배우들은 설자리를 잃었다. 거대한 패러다임의 전환이 저 앞에서 거인처럼 쿵쿵거리며 걸어오고 있었다. 팬터마임으로 세계인을 울고 웃긴 채플린은 선택의 기로에 섰다. 떠돌이에게 목소리를 줄 것인지 말 것인지를. 채플린은 발성영화라는 흐름을 따라가지 않기로 했다.

영화 〈서커스〉의 한 장면. 채플린이 처한 상황은 트릭이 아니라 실제 상황이다.

1928년 5월, 채플린은 또다른 무성영화 〈시티 라이트〉를 준비하기 시작했다. 영화에서 떠돌이는 시력을 잃은 꽃 파는 아가씨와 우연히 친해진다. 신문에서 오스트리아 빈에 가서 수술을 받으면 시력을 회복할 수 있다는 사실을 알게 된 떠돌이는 비용을 마련하기 위해 거리 청소부가 되기도 하고 권투선수가 되기도 한다. 그러다 떠돌이가 알코올중독자 백만장자로부터 도움을 받아 꽃 파는 아가씨의 시력을 회복시켜 준다는 줄거리다.

〈시티 라이트〉는 제작 기간이 21개월이 걸렸다. 편집이 끝난 뒤 음향효과를 집어넣어야 했다. 채플린은

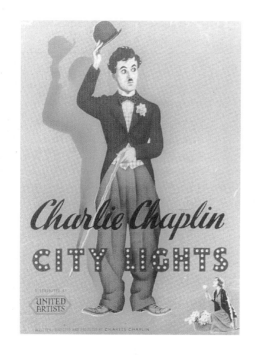

영화 〈시티 라이트〉 포스터

영화의 음악을 집적 작곡했다. 그의 음악적 재능은 다른 음악 편곡자들을 놀라게 했다. 학교에서 정식으로 작곡법을 배워본 일이 없었기에 그의 작곡법은 특별했다. 스스로 구상한 멜로디를 불러주고 음악 편곡자들이 악보에 옮기는 방식이었다. 〈시티 라이트〉 이후 채플린은 모든 영화의 영화음악을 작곡했다.

채플린은 어떻게 음악적 감수성을 체득했을까? 그것은 어린 시절의 강렬한 각인의 결과일 것이다. 채플린은 일곱 살 때 런던 시내를 배회하다 거리의 악사들이 연주하는 〈인동덩굴과 꿀벌〉을 듣게 되었다. 채플린은 "음악이 최초로 내 영혼 깊숙이 스며들었던 일"로 회상했다. "그때 나는 일곱 살이었고 지금은 예순세 살이 되었지만, 그러나 언제까지나 그 일을 잊을 수 없을 것이다."

〈시티 라이트〉는 1931년 2월에 로스앤젤레스와 뉴욕에서 개봉되었다. 발성영화가 쏟아져 나오는 가운데서도 무성영화 〈시티 라이트〉는 대성공을 거둠으로써 발성영화의 위세를 무색케 했다. 채플린은 〈시티 라이트〉의 런던 개봉을 위해 다시 런던으로 날아갔고, 영화는 웨스트엔드의 도미니언 극장에서 개봉되었다.

두 번째 런던 방문에서 조국은 채플린을 국빈으로 대우했다. 왕세자, 윈스턴 처칠, 조지 버나드 쇼 등이 줄지어 그를 만나고 싶어했다. 이보다 더 감격적인 일은 한웰보육원을 찾아간 일이었다. 채플린이 일곱 살 때 어머니와 떨어져 지내야 했던 보육원. 평생 씻을 수 없는 상처가 아로새겨진 곳. 채플린은 한 웰보육원의 어린이들을 위해 즉흥공연을 펼쳤고 다시 찾아오겠노라고 약속했다.

런던 방문 이후 채플린은 파리, 빈, 베를린, 싱가포르, 요코하마 등을 방문했다. 채플린이 가는 곳마다 그 나라를 대표하는 명사들이 그를 만나기 위해 줄을 섰다. 국왕, 왕세자, 대통령, 수상 등 권력자 외에도 마하트마 간디, 알베르트 아인슈타인, 마를렌 디트리히, 장 콕토 등이 있었다.

1932년 6월, 할리우드로 돌아온 채플린은 신인배우 폴레트 고다르에게 반한다. 그는 스물한 살의 이혼녀였던 그녀를 두 편의 영화에 등장시켰고, 그녀와 결혼했다.

〈시티 라이트〉가 개봉된 도미니언 극장

〈모던 타임스〉와 〈위대한 독재자〉

1930년에 불어닥친 대공황은 채플린에게도 큰 영향을 끼쳤다. 영국과 유럽 여러 나라를 여행하는 동안 그는 경제공황의 그늘 속에서 꿈틀거리고 있는 국가주의의 위험성을 직감했다. 1930년대 대공황의 코드는 실업, 빈곤, 파업, 진압, 마약, 기계문명, 정치적 불관용 등. 〈모던 타임스〉는 기계문명 속의 톱니바퀴 속에 비인간화 되어가는 직공의 모습을 그린 영화이다. 이 영화는 두 가지 면에서 기억된다. 할리우드에서 제작된 마지막 무성영화라는 점과 떠돌이가 나오는 마지막 영화라는 점이다.

1933년 독일에서 한 인물이 권력의 정점에 올랐을 때, 기자들은 놀랍게도 떠돌이의 캐릭터가 독일의 국가사회주의자의 그것과 놀라울 정도로 흡사하다는 사실을 발견했다. 그는 아돌프 히틀러였다. 두 사람은 공교롭게도 1889년 4월에 불과 4일 간격으로 태어났다. 한 사람은 영국 런던에서, 한 사람은 오스트리아 린츠에서.

히틀러는 떠돌이처럼 콧수염을 길렀다. 히틀러가 등장하자 기자들은 히틀러가 채플린의 인기를 이용하기 위해 콧수염을 모방했다고 주장했다. 이 주장은 설득력이 있다. 히틀러는 당시 이미 상징조작, 집단심리, 프로파간다, 동일시 효과를 누구보다 잘 알고 있었다.

〈시티 라이트〉개봉 당시의 아인슈타인과 찰리 채플린

〈모던 타임스〉의 성공에도 불구하고 채플린은 더 이상 무성영화를 고집할 수 없음을 깨달았다. 1938년, 그는 자신과 닮은 히틀러를 소재로 영화를 만들기로 했다. 채플린 최초의 발성영화 〈위대한 독재자〉이다. 〈위대한 독재자〉는 히틀러와 무솔리니를 겨냥하는 것이었다. 히틀러는 독재자 아데노이드 힝켈로, 베니토 무솔리니는 벤치노 나팔로니로 각각 등장한다.

〈위대한 독재자〉는 채플린 영화 중 가장 정치적 색채가 짙은 작품이다. 나치 독일의 위세는 거칠 것이 없었다. 이미 1차대전에 참전한 바 있는 미국은 유럽에서 벌어지는 전쟁에 개입하지 않겠다는 고립주의를 천명하고 있었다. 이런 분위기를 의식해 할리우드에서는 명백하게 나치를 공격하는 영화를 만들지 않았다. 미국 정부로서는 자칫 〈위대한 독재자〉가 나치를 자극하지 않을까 우려했다. 이런 가운데 영화

영화 〈모던 타임스〉의 한 장면

〈모던 타임스〉광고물들

는 1940년 10월에 개봉되었다. 대통령 프랭클린 루스벨트는 이 영화가 국제관계에 악영향을 미칠 수 있다고 직접적으로 언급했다. 〈위대한 독재자〉는 국가사회주의에 대한 채플린의 조롱이었다. 채플린은 회고록에서 이렇게 쓰고 있다.

"만일 나치의 집단수용소에서 벌어진 잔학상을 사실 그대로 알고 있었다면 나는 〈위대한 독재자〉를 연출할 수 없었을 것이고, 나치의 살인 광증을 조롱할 수도 없었을 것이다."

미국 정부는 1920년대부터 채플린을 예의 주시하고 있었다. 1926년 탈세 혐의로 채플린을 기소한 것이 첫번째 신호였다. 미 연방 조사국은 채플린이 할리우드에서 스타가 되었음에도 미국 국적을 취득하지 않는 점을 의심했다. 또한 채플린 영화에 열광적인 찬사를 보내는 지식인들 중 상당수가 '사상이 의심스러운' 인사들이라는 점도 거슬렸다. 당국은 채플린이 공산당과 관련이 있다는 증거를 비밀리에 찾고 있었다. 이후 10년은 채플린의 인생에서 최악의 10년이 된다. 여배우 조안 배리와의 스캔들로 소송을 당하며 채플린은 거의 정신적으로 나락에 떨어지는 경험을 했다.

이런 상황에서 한 줄기 구원의 빛이 비쳤다. 우나 오닐이 등장했다. 그녀는 유명한 극작가 유진 오닐의 딸이었다. 1943년 6월, 채플린은 우나 오닐과 결혼했다. 채플린이 54세였고, 우나 오닐은 18세였다. 우나 오닐이 채플린의 돈을 보고 결혼했다는 이야기가 파다하게 퍼졌다. 유진 오닐은 딸이 채플린과 결혼하자 딸과의 인연을 끊었다. 채플린은 우나 오닐과의 결혼생활에서 이제까지 한 번도 경험하지 못한 사랑과 안정을 맛보았다. 이후 두 사람은 해로하면서 자녀를 여덟 명이나 두었다.

영화 〈위대한 독재자〉의 한 장면

레스터 광장의 두 동상

〈라임라이트(Limelight)〉는 채플린의 자전적 작품이다. 이 영화를 준비한 것이 그의 나이 59세 때였다. 뛰어난 예술적 감수성과 자유로운 상상력의 소유자 채플린도 인생의 황혼기에 접어들었다. 고향의 흙내음이 뼛속부터 그리워지는 나이가 아닌가. 〈라임라이트〉는 청춘시절을 보낸 런던의 연극무대에 대한 향수와 추억을 그렸다.

채플린은 영화에서 한물간 희극 배우 칼베로 역을 맡았다. 칼베로는 우연히 자살을 기도한 젊은 발레리나 테리의 목숨을 구해준다. 이후 칼베로는 테리의 하체 마비증을 치료해 무대에 서게 한다. 테리는 생명의 은인인 칼베로에게 사랑을 고백하지만 칼베로는 그녀가 진정 사랑하는 사람은 발레 음악 작곡가 네빌이라고 믿고는 몇 개월 동안 그녀 곁에서 사라진다.

영화의 전체적인 분위기는 황혼의 우아한 애수. 칼베로는 인생 경험에서 우러나오는 주옥 같은 대사를 던진다. "시간은 위대한 작가야. 항상 완벽한 결말을 쓰거든." "아무것도 사라지지 않아. 그저 변할 뿐이야."

시나리오는 물론 채플린이 썼다. 〈라임라이트〉는 출연진을 특별히 눈여겨 볼 필요가 있다. 채플린은 발레리나 테리 역을 제외한 나머지 배역을 자녀들에게 맡겼다. 전 부인 리타 그레이가 낳은 두 아들 시드

니와 찰스는 각각 네빌과 어릿광대를 연기했다. 우나가 낳은 세 아이 제럴딘, 조제핀, 마이클은 거리의 구경꾼들로 나왔다. 우나 역시 잠깐 얼굴을 비쳤다.

〈라임라이트〉는 고향 런던에 대한 헌정 영화이다. 정치 권력의 시달림이 가중될수록 그는 런던의 거리와 골목을 그리워했다. 그는 이 영화를 세계 최초로 런던에서 개봉하기로 결심했다. 아내 우나와 아이들에게 꿈에도 그리운 런던 거리를 보여주고 싶었다.

1952년 9월 17일, 채플린 일가족은 퀸 엘리자베스 호에 몸을 실었다. 9월 18일 라디오에서 미국 당국이 채플린의 미국 입국 비자를 말소시켰다는 보도가 나왔

다. "도덕성, 공중위생, 정신착란, 공산주의 찬동, 공산주의 또는 친공산주의 단체 참여를 이유로 입국을 금지시킬 수 있다는 이민법 조항에 따라 채플린이 귀국을 원해도 입국이 불가능하다." 채플린은 놀라지 않았다. 미국 땅에 더 이상 미련이 남아 있지 않았다. 영국은, 채플린을 영웅으로 환영하며 미국을 비난했다.

채플린 일가는 이번에는 사보이 호텔에 여장을 풀었다. 중심가에 위치한 이 호텔은 리츠 호텔 다음으로 고급 호텔이었다. 사보이 호텔 객실 탁자에는 수백 통의 팬레터가 쌓여 채플린 일가를 맞았다. 1952년 10월 23일 〈라임라이트〉가 런던 레스터 광장의 오데온 극장에서 마가렛 공주가 참석한 가운데 최초로 개봉되었다.

〈라임라이트〉가 개봉된 오데온 극장

〈라임라이트〉가 상영된 레스터 광장의 오데온 극장은 어떤 모습일까. 레스터 광장은 트라팔가 광장 뒤편으로 조금만 걸어 올라가면 된다. 레스터 광장 주변은 런던의 대표적인 극장과 영화관들이 몰려 있는 웨스트엔드의 중심. 런던에서 처음으로 영화가 개봉될 때 할리우드 스타들이 레드카펫 위를 걷곤 한다. 그래서 공원 바깥 쪽 보도블럭에는 유명한 영화배우들의 '핸드 프린팅'이 깔려 있다. 오데온 극장은 현재 레스터 광장에 두 곳 있다. 석조 건물로 지어진 곳이 〈라임라이트〉가 상영된 곳이다.

레스터 공원의 채플린
동상

레스터 광장은 아주 작은 공원을 품고 있다. 중앙에 윌리엄 셰익스피어 동상이 우뚝 서 있다. 동상을 둘러싸듯 펼쳐져 있는 잔디밭에는 사람들이 눕거나 앉아서 휴식을 취하고 있다. 셰익스피어의 시선이 머무는 곳에 채플린의 실물 크기 동상이 서 있다. 셰익스피어와 채플린의 두 동상의 위치는 너무도 절묘하다. 비극의 황제가 희극의 황제를 내려다보고 있는 구도! 채플린 동상 뒤에서 보면 서로 마주 보고 있는 채플린과 셰익스피어가 한눈에 들어온다. 채플린은 희극영화에 비극적 요소를 가미함으로써 희극영화의 품격을 높인 인물! 사람은 때때로 뒷모습에 진실이 숨어 있을 때가 있다. 채플린 동상은 뒤에서 쳐다보면 떠돌이의 분위기가 오롯하게 배어나온다. 팔리아멘트 광장의 처칠 동상을 뒤에서 보았을 때 더 멋있는 것처럼. 채플린의 몸은 거의 쓰러질 듯 앞으로 기울어져 있다.

동상을 보고 있자니 문득 두 천재에게 이렇게 묻고 싶어졌다. "인생은 희극인가요, 비극인가요?" 두 사람이 동시에 이렇게 대답하는 것 같다. "인생은 희극도 비극도 아닙니다. 희비극이지요."

레스터 광장은 보고 생각할 것을 많이 준다. 이곳에는 도로 원표(元標)가 있다. 이곳에서 남아공, 인도, 브루나이, 뉴질랜드, 말레이시아, 홍콩 등까지 거리가 얼마라는 표시가 있다는 말이다. 바닥에 새겨져 있는 지명을 하나씩 살펴보니 지명들이 과거 영국 식민지였던 나라들

레스터 공원의 채플린과
셰익스피어 동상이 서로
마주보고 있다.

이라는 사실을 깨달았다. '해가 지지 않는 제국'을 실감하는 순간이었
다. 영국의 식민지는 홍콩에서 멈춘 채 동북아시아로 더 북상하지 못
했다.

세상의 모든 찬사와 경의

채플린은 유년기와 청년기를 보낸 런던에서 안정감을 얻었다. 익숙
한 거리와 따뜻한 사람들. 런던에서 정착하고 싶었다. 그러나 곧이어
현실적인 문제에 봉착해야 했다. 영국 정부에 내는 세금액수가 큰 부
담이 되었다. 1953년 1월, 채플린 일가는 스위스로 이주했다.

채플린이 스위스에 살며 만든 영화는 〈뉴욕의 왕〉과 〈홍콩의 여백
작〉 두 편이다. 1957년부터 1964년까지 채플린은 영화 제작을 중단한
채 자서전을 집필하는 데 몰두했다. 그는 자신이 구술한 내용을 비서
에게 받아쓰게 한 다음, 원고를 읽고 수정한 뒤에 타이핑하게 했다. 이

렇게 해서 자서전《찰리 채플린, 나의 삶》이 출간되었다.

그러나 채플린은 외로웠다. 주위 사람들이 하나둘씩 떠나갔기 때문이다. 오랜 연인이었던 배우 에드나 퍼바이언스가 죽었고, 오늘의 찰리 채플린을 있게 한 맥 세넷, 형 시드니, 카메라맨 롤랜드 타서로가 차례로 눈을 감았다. 장남 찰스 2세도 43세의 나이로 요절했다. 외로움을 잊게 해주는 것은 영화밖에 없었다. 1965년, 76세의 채플린은 〈홍콩의 여백작〉 제작을 발표했다. 채플린 최초의 시네마스코프 컬러 영화였다. 채플린은 이 영화에 말론 브란도, 소피아 로렌 같은 세계적 스타를 캐스팅했다.

채플린과 말론 브란도의 만남. 이 세기적 만남의 이면에는 갈등이 도사리고 있었다. 채플린이 누구인가. 연기에 관한 한 누가 그를 능가할 수 있겠는가. 채플린은 브란도에게 자기가 연기하는 대로 따라 하기를 원했고, 자존심이 강한 브란도는 그런 연기 지도 방식을 거부했

영화 〈홍콩의 여백작〉
촬영 장면. 말론 브란도와
소피아 로렌이 주연을
맡았다.

다. 〈홍콩의 여백작〉은 이런 감독과 주연의 갈등을 딛고 탄생한 영화였다. 이 영화는 채플린 영화 중 가장 쓰디쓴 평가를 받아야 했다. 감각과 능력이 더 이상 예전의 채플린이 아니었다.

채플린이 늙어 더 이상 영화를 만들 수 없게 되자 세상은 채플린에 대한 찬사와 경의를 표하기 시작했다. 1971년 칸 영화제에서 채플린은 특별상을 수상했다. 베네치아 영화제에서는 황금사자상을 받았다. 1975년 엘리자베스 2세는 그에게 기사 작위를 부여했다. 찰리 채플린 경(卿)이 된 것이다. 미국도 달라졌다. 1972년 아카데미상은 그에게 특별상을 주기로 결정했다. 미국 땅을 다시는 밟지 않겠다고 맹세한 그였지만 시간의 힘은 바위 같은 노여움도 녹여버렸다. 채플린은 로스앤젤레스와 뉴욕에서 뜨거운 환영을 받았다.

1977년 12월 25일 성탄절. 채플린은 스위스 코르시에쉬르베베이 자택에서 수면 도중 조용히 영면했다. 채플린의 마지막은 누구나 희

채플린이 16mm 카메라로
가족들을 촬영하는 모습

망하는, 세상과의 편안한 작별이었다. 50년 이상 세계인에게 웃음을 선사한 그였으니 이승과 이별하는 순간에 그런 호사를 누린 것은 당연하지 않을까.

20세기의 거인 채플린의 시신은 자택 근처의 묘지에 안장되었다. 그런데 얼마 후 해괴한 일이 일어났다. 관이 도난당한 것이다. 괴한들은 유가족에게 돈을 요구했지만 결국 붙잡혔고 그의 시신도 수습할 수 있었다.

1995년 아카데미 시상식에서 영국의《가디언》지는 전세계의 영화 비평가들을 대상으로 질문을 던졌다.

"모든 시대를 통틀어 가장 위대한 배우는 누구인가?"

비평가들은 압도적으로 한 사람을 꼽았다.

"찰리 채플린."

조지 오웰,
독설과 통찰력의 작가
1903 ~ 1950

George Orwell

오늘날의 빅 브라더들

한국인은 지금 일본 소설을 통해 다시금 조지 오웰을 만나고 있다. 무라카미 하루키의 소설 《1Q84》. 우리는 1984년에 1948년에 발표된 《1984》를 주목했었다. 특히 한국이 낳은 천재 비디오 아티스트 백남준이 1984년 1월 1일 전세계를 스크린 삼아 〈굿모닝 미스터 오웰〉이라는 비디오 쇼를 시연했기에 우리는 더욱 오웰에 관심을 갖지 않을 수 없었다. 2009년, 우리는 《1Q84》를 계기로 다시 《1984》에 관심을 갖게 되었다. 아라비아 숫자 '9'는 일본어로 읽으면 '큐'가 된다.

조지 오웰의 《1984》는 빅 브라더(Big Brother)가 통제하는 가상국가 오세아니아를 배경으로 전개된다. '진리부'에서 진실을 조작하고 거짓을 만들어내는 일을 담당하는 윈스턴 스미스가 주인공이다. 그의 업무는 항구적인 역사 왜곡이다. 그는 남녀의 은밀한 사랑조차 통제하는 체제에 저항하려 하지만 아주 사소한 반항조차도 '빅 브라더' 감시하에 있음을 깨닫게 된다.

'빅 브라더'. 직역하면 대형(大兄), 의역하면 전지전능한 통제자. 《1984》의 가공 인물인 빅 브라더는 소설의 활자 속에서 벗어나 세계를

조지 오웰

활보한 지 오래다. 빅 브라더는 더 이상 가상국가 오세아니아의 인물이 아니다. 빅 브라더는 지구상의 모든 현실 국가들에 존재한다. 어떤 때는 거리, 골목, 아파트 현관, 엘리베이터마다 설치되어 있는 CCTV가 되기도 한다. CCTV는 침묵으로 말한다.

"나는 네가 한 일을 모두 알고 있다."

2000년 독일의 한 방송에서 시도한 '리얼리티 쇼'는 출연자들을 3개월 동안 콘테이너 안에서 살게 하고 하루 종일 카메라가 감시하는 과정을 보여주는 프로그램이었다. 정치세계에서 실체가 잡히지 않는 권력자를 가리켜 빅 브라더라 칭하기도 한다. 21세기 저널리즘은 오웰에게 저작권 사용료 한번 내지 않고 빅 브라더를 차용하고 있다. 소설《1984》의 마지막 단락은 처연하다.

"그는 그 거대한 얼굴을 쳐다보았다. 대체 어떤 미소가 저 검은 콧수염 속에 감춰져 있는지 알아내는 데 40년이란 세월이 걸렸다. 오, 잔인하고 불필요한 오해! 오, 저 사랑이 넘치는 품안을 떠나 고집스럽게 스스로 택했던 유형(流刑)! 술내 나는 두 줄기 눈물이 코 옆으로 흘러내렸다. 그러나 잘되었다. 모든 것이 잘되었다. 투쟁도 끝났다. 그는 자신을 이긴 것이다. 그는 빅 브라더를 사랑했다."

《1984》는 이미 두 차례 영화로 만들어졌다. 1956년 마이클 앤더슨 감독이, 1984년에는 마이클 래드포드 감독이 연출해 각각 성공했다.

우리들 대부분은 조지 오웰을 소설가로 알고 있다. 조지 오웰이 장편소설《동물농장》과《1984》를 쓴 소설가로 알려져 있으니 이런 인식은 크게 틀린 것은 아니다. 그러나 소설가로만 오웰을 아는 것은 매우 편협된 인식이다.《동물농장》과《1984》는 그의 인생 말년인 40대 이후에 쓰여진 작품이다. 그렇다면 오웰은 40대 이전에는 아무런 글도 발표하지 않았다는 뜻인가. 아니, 그렇지 않다. 오웰은 20대 중반부터 런던에서 저널리스트, 문화비평가, 평론가, 소설가로 왕성한 활동을 펼쳐온 문인이다.

오웰은 운문이 아닌 산문 분야에서 당대에 가장 활발하게 글을 발표했고, 또 높은 평가를 받은 사람이다. 실제로 저널리스트, 문화비평가, 정치평론가로서 쓴 그의 글이나 작품들

《1984》의 초고

은 21세기에 읽어도 여전히 생명력이 넘치고 통찰력이 번득인다. 그럼에도 우리가 그를 소설가로만 기억하는 것은 생애의 끝자락에 쓴 《동물농장》과《1984》가 워낙 강렬하기 때문이다.

식민지 아편국 관리의 아들

인간의 삶은 태어나 자란 곳의 지리적 환경과 살아간 시대의 역사적 환경의 영향을 받는다. 오웰의 삶과 글에는 그가 산 47년의 시대가 오롯이 투영되어 있다. 오웰처럼 20세기 전반기를 최전선에서 투쟁하

듯 살아낸 작가도 드물 것이다.

1903년 6월 25일 인도의 벵골주 모타하리의 영국인 부부에게서 한 남자 아이가 태어났다. 이름은 에릭 아서 블레어. 이 사내아이가 훗날 조지 오웰이라는 필명의 작가가 된다. 오웰이 태어난 1903년은 인도가 대영제국의 식민지로 있던 시절이다. 아버지는 모타하리의 인도총독부 아편국 공무원이었다. 정년퇴직 때까지 무려 37년간을 아편국에서 일했다.

오웰의 친가와 외가는 모두 대영제국의 찬란한 광휘를 마음껏 누렸다. 고조부는 식민지 자메이카에서 수많은 노예를 일꾼으로 거느리며 플랜테이션 농장을 했다. 외조부는 버마(현재의 미얀마)에서 티크 목재 무역을 하며 선박을 건조한 부유한 상인이었다. 하지만 아버지는 조부로부터 재산을 물려받지 못했고, 이는 장남 에릭 블레어의 삶에도 영향을 미쳤다.

1904년 에릭의 어머니는 딸과 아들을 데리고 영국으로 돌아와 옥스퍼드 지방에 정착했다. 에릭이 한 살 때였다. 어머니가 두 아이를 데리고 영국으로 온 것은 교육 문제 때문이었다. 에릭은 아홉 살이 될 때까지 아버지를 거의 보지 못한 채 어머니와 여자 형제들 속에서 성장했다. 1912년 정년퇴직한 아버지가 인도에서 돌아왔다. 아버지 나이 쉰다섯. 아버지는 컨트리클럽의 사무장으로 취직했다. 집안 살림은 늘 쪼들렸다.

어린 시절 독서와 관련된 강렬한 경험이 없는 사람이 위대한 인물이 되는 경우는 단연코 없다. 《걸리버 여행기》는 오웰에게 최초로, 그리고 가장 오랫동안 영향을 미친 소설이다. 오웰은 여덟 살 때 생일선물로 이 책을 받았고, 이후 죽을 때까지 매년 《걸리버 여행기》를 읽었다.

에릭은 다섯 살이 되던 해에 지역 성공회 수녀원이 운영하는 초등

학교에 입학해 여덟 살까지 다녔다. 학
교 측이 에릭을 명문 예비학교인 세인트
시프리언즈에 장학생으로 추천했던 점
으로 미뤄보아 에릭은 성적이 뛰어났던
것 같다.

세인트 시프리언즈 예비학교(이하 예
비학교)가 명문학교라는 소리를 들었던
까닭은 간단하다. 명문 사립중등학교에
많은 학생들을 입학시켰기 때문이다. 학
비는 기숙사비를 포함해 1년에 180파운
드. 아버지 리처드가 받는 연금의 절반
에 이르는 금액이었다. 다행히 에릭은
장학생으로 선발되어 학비를 면제받을
수 있었다.

수업은 라틴어와 그리스어 위주로 진
행되었고, 강압적인 분위기에서 주입식

이튼 컬리지 시절의
오웰(화살표). 교회 입구
계단에서 찍었다.

교육으로 이뤄졌다. 체벌도 수시로 행해졌다. 이 대목에서 우리는 카
프카가 1890년대에 다닌 김나지움을 떠올리게 된다. 100년 전까지만
해도 선진국의 명문학교들은 대부분 비슷한 분위기였다.

오웰은 훗날 예비학교 시절을 끔찍한 시간이었다고 회상했다. 이
학교에 다니면서 어린 소년은 어렴풋하게나마 빈곤과 계급에 대한 인
식을 한 듯하다. 예비학교의 학생 대부분은 귀족이나 부자들의 자제
들이었다. 에릭처럼 장학금을 받아 학교를 다니는 학생은 극소수였
다. 귀족이나 부자 자제들은 자기들끼리 어울려 다녔고, 학교생활에
서 갖가지 특혜를 받았다. 다수의 부잣집 아이들 틈바구니에서 학교

를 다녀야 하는 소수의 가난한 집 아이들. 가장 예민한 나이에 느꼈을 상대적 박탈감은 깊은 상처로 남았다. 오웰은 훗날 이것을 "가장 잔혹한 형벌"이라고 표현했다.

　예비학교 시절 상대적 박탈감으로 상처를 받은 오웰이었지만 훗날 작가가 되는 시릴 코놀리, 그리고 버디컴 집안 아이들과 만난 것은 행운이었다. 오웰은 두 살 많은 여학생 제이신사 버디컴과 그의 남동생 프라스퍼 버디컴과 친하게 지냈다. 버디컴 남매와의 만남을 통해 오웰은 작가가 되겠다는 결심을 하게 되었다. 훗날 제이신사 버디컴은 《에릭과 우리들―조지 오웰 회상》이라는 책을 썼다. 오웰이 예비학교 시절 독서클럽을 통해 섭렵한 작가들은 코난 도일, 토마스 칼라일, 셰익스피어, 디킨스, 웰스, 에드가 앨런 포 등이었다.

이튼 컬리지 교정.
앞쪽에 창립자 헨리
6세의 동상이 있다.

　오웰은 웰링턴 컬리지와 이튼 컬리지 두 곳으로부터 입학허가서를 받았는데, 웰링턴에서 한 학기를 다닌 뒤 이튼으로 옮겼다. 워털루 전투에서 나폴레옹을 굴복시킨 웰링턴은 이튼 컬리지의 대선배였다. 웰링턴은 나폴레옹을 이긴 뒤 "영국의 승리가 아닌 이튼 컬리지의 승리"라는 유명한 말을 남겼다. 《멋진 신세계》의 작가 올더스 헉슬리는 오웰이 이튼 컬리지로 오기 직전에 불어 교사로 있었다.

　이튼 컬리지는 15세기 중반, 헨리 6세가 신분이 낮은 하층계급의 자녀들 중에서 우수한 학생을 선발해 귀족에 준하는 지배계층을 양성하겠다는 목적으로 설립한 학교다. 이튼 컬리지를 우수한 성적으로 졸업하면 으레 옥스퍼드 대학에 진학하여 엘리트 코스를 밟게 되어 있었다. 오웰은 이튼 컬리지의 국왕장학생으로 선발되었지만 입학 후에는 공부를 등한시했다.

1차 세계대전의 포연은 여전히 유럽 대륙에 자욱했다. 이튼 졸업생들은 노블리스 오블리주 정신이 내면화되어 있었다. 당시 1차 세계대전에 참전한 이튼 졸업생은 5,687명. 이 중 전사자는 1,167명, 부상자는 1,467명이었다. 참전한 이튼 출신의 절반 가까이가 사상자가 된 것은 이들이 대의를 위해 솔선수범했다는 것을 의미한다. 이튼 졸업생들은 언제나 최전선에서 선두에 섰다.

노블리스 오블리주를 배우다

이튼 컬리지는 영국 여행에서 한국인이 자주 찾는 장소다. 이유는 간단하다. 자녀들이 이튼 컬리지 같은 명문학교에 진학하기를 바라는 마음에서이다. 이튼 컬리지는 워털루 역에서 기차를 타고 '윈저 & 이튼 리버사이드' 역에 내리면 걸어서 10분 거리에 있다.

아마 입장료를 내고 관람해야 하는 중등학교는 세계에 이튼 컬리지밖에 없으리라. 그만큼 이튼 컬리지는 명문학교의 아이콘이 된 지 오래다. 오후 2시부터 시작되는 교내 투어에 끼어 출입구 앞에서 기다리다가 무심코 벽면을 쳐다보았다. 1944년 7월 30일 노르망디 상륙작전 당시 전사한 이튼 졸업생 제임스 제랄드를 기리는 조형물이었다. 노르망디 상륙작전을 다룬 영화는 수없이 많다. 가장 인상적인 영화가 〈라이언 일병 구하기〉이다. 영화 도입부 5분간은 상륙작전 당시 수많은

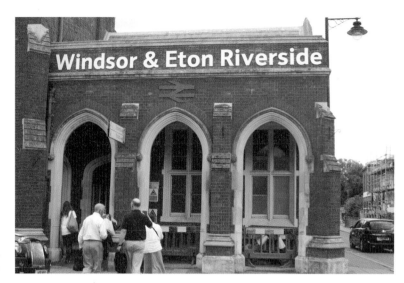

원저 & 이튼
리버사이드 역

연합군이 총탄을 맞고 죽어가는 광경이 사실적으로 묘사된다. 1940년 이튼을 졸업한 제랄드는 그렇게 죽어간 병사들 중 한 명이었다.

이튼 컬리지는 창립 당시부터 지금까지 남학생 전용 학교이다. 현재 재학생은 1,300명으로 전원이 기숙사 생활을 한다. 이튼 컬리지 교정에 들어온 관람객은 헨리 6세의 동상 앞에서 안내원의 설명을 듣는 것으로 투어를 시작한다.

이튼 컬리지도 2차대전 중 폭격을 받아 기숙사 일부가 파괴되기도 했다. 관람객들은 교회, 옛 강의실, 박물관, 복도 등의 순서로 안내를 받는다. 이튼 컬리지의 이미지는 한 마디로 압축하면 '전사자 명단'이었다. 모든 벽면에 1차대전과 2차대전에 참전해 사망한 졸업생들의 이름이 끝이 없었다. 이렇게 많이 전사했단 말인가. 이튼 컬리지가 영국에서 명문학교로 인정받는 것은 '노블리스 오블리주'를 실천했기 때문이라는 말이 와닿는 순간이었다.

2층 방의 벽면에는 연도별 성적 우수자들의 이름이 빼곡하게 새겨져 있다. 〈서풍에 부치는 시(Ode to the West Wind)〉의 시인 셜리의 이름도 보였다. 영문학을 공부하지 않았어도, 셜리의 이름을 몰라도 〈서풍에 부치는 시〉의 끝대목은 누구나 기억한다. "겨울이 오면, 봄이 어찌 멀리 있을 수 있으리오."

성적 우수자 중에는 수상을 지낸 웰링턴도 있었다. 가이드가 전직 수상의 이름을 나열하다가 누군가 "그만 하자"고 하니 관람객들 사이에서 웃음이 터졌다. 나는 가이드에게 조지 오웰의 이름은 어디 있느냐고 물었다. 이 방에는 성적 우수자들의 이름만 새겨진다는 것을 깜박 잊어버렸던 것이다.

이튼 컬리지 기숙사

벽면의 전사자 이름 다음으로 감동을 주는 곳은 교회다. 교회 건물은 세워질 당시 그대로다. 긴 나무의자는 몸을 조금만 움직여도 삐걱거렸다. 삐걱대는 반들반들한 긴 나무의자에 앉아 성경책과 찬송가 책을 펼쳐보았다. 오웰도 이 의자에 앉아 찬송가를 불렀을 것이다. 스테인드글라스를 통해 신성한 햇살이 쏟아져 마루에 부서졌다.

오웰은 1차대전에 참전하기에는 너무 어렸고, 2차대전이 발발했을 때는 너무 나이가 들어버렸다. 그가 이상주의적 열정에 휩싸여 스페인 내전에 뛰어든 것도 이튼 컬리지에서 배운 '노블리스 오블리주' 정신 때문이

오른쪽 이튼 컬리지의 전사자 명단
왼쪽 이튼 컬리지 옛 강의실의 낡은 책상

었다. 훗날 에세이스트로서, 소설가로서 오웰이 보여주는 행동에는 일관된 흐름이 있다. 그것은 자신의 양심이나 정의관에 비춰 부당한 것에 대해 결코 타협하거나 비겁하게 뒤로 물러서지 않는 정신이었다. 때로는 총을 들고, 때로는 펜을 들고 그는 언제나 시대의 자유와 정의의 최전선에 있었다.

버마에서의 나날들

오웰은 1921년 12월에 이튼을 졸업했다. 성적은 졸업생 167명 중 138등. 옥스퍼드 대학에 장학생 입학이 어려운 성적이었다. 오웰은 일찌감치 돈을 벌기로 결심했다. 아버지의 영향으로 인도총독부의 공무원은 전혀 낯설지 않았다. 그는 제국주의 경찰을 지원했다. 1922년 오웰은 인도총독부 경찰간부 후보로 채용되었다. 열아홉 살의 그가 받은 첫 월급은 400파운드. 아버지의 연금액과 비슷했다. 오웰은 희망

근무지로 버마주 랭군을 선택했다. 당시 버마는 인도 영토에 편입되어 있었다.

오웰은 배를 타고 지중해, 수에즈 운하, 인도양을 거쳐 실론의 수도인 콜롬보 항에 잠시 기항했다. 그는 콜롬보 항에서 예상치 못한 광경을 목도했다. 원주민들이 백인들의 짐을 서로 나르려고 싸우고 있었고, 영국 경찰이 이들을 발로 짓밟았다. 하지만 누구도 이 비인간적 행위에 대해 문제를 제기하지 않았다. 원주민을 자신과 똑같은 사람으로 보지 않았던 것이다. 오웰도 마찬가지였다. 제국주의 논리에 충실한 신참 경찰이었으니.

랭군에 도착한 오웰은 만달레이 경찰학교에서 10개월간의 식민지 경찰 연수를 받은 다음 정식 경찰이 되었다. 세속적인 관점에서 식민지 백인 경찰이라는 사회적 지위는 매력적이었다. 오웰은 식민지 경찰로서 물메인, 카타 등 여섯 곳을 옮겨 다녔다. 경찰로서 겪은 식민지 경험은 오웰의 문학에 깊은 주름을 남겼다.

1885년부터 영국의 통치를 받은 버마는 1차대전이 발발하기 전까지는 비교적 평온했다. 버마 역시 1차대전을 겪으면서 민족운동의 기운이 꿈틀거리기 시작했다. 오웰은 영국의 통치에 대한 버마인의 반감이 확산되고 있는 시점에 경찰로 근무했다. 무장한 경찰도 신변의 위협을 느끼는 정치 상황이었다.

오웰은 버마에서 근무한 지 5년이 채 안되어 사표를 제출했다. 충실한 제국주의 경찰은 왜 특권적 지위를 스스로 포기했을까. 여기서 우리는 오웰의 인생과 문학을 관통하는 사상의 일단과 조우하게 된다. 오웰은 경찰로 근무하면서도 제국주의에 대한 비판적 시각을 갖고 있지 않았다. 최초의 충격은 우연히 만난 미국 선교사 때문이었다. 미국 선교사는 제국주의 경찰인 오웰을 경멸했고, 오웰은 이 사건으로 인해 충격을 받게 된다. 이제까지 한 번도 의심하지 않았던 제국주의 논리에 최초로 회의가 싹트기 시작했다.

　오웰은 버마에서의 경험을 토대로 최초의 장편소설 《버마의 나날들》(1934)을 비롯해 단편소설 〈교수형〉(1931), 〈코끼리를 쏘다〉(1936) 등을 썼다. 〈코끼리를 쏘다〉는 오웰의 실제 경험을 토대로 했다.

　1920년대 당시 코끼리는 버마의 주요 운송수단이었다. 물메인의 티크 목재공장에서 통나무를 운반하던 코끼리 한 마리가 갑자기 목재 공장을 빠져나와 시장에서 난동을 부린다. 빨리 사태를 진정시켜 달라는 신고가 경찰서에 접수되었다. 그런데 오웰이 총을 가지고 현장에 출동했을 때에는 코끼리가 조용해져 논에서 평화롭게 풀을 뜯고 있었다. 상황이 종료되었으므로 총을 쏠 필요가 없었다. 하지만 버마인들은 그것을 용납하지 않았다. 〈코끼리를 쏘다〉의 대목을 그대로 옮겨 본다.

만달레이 경찰학교 시절의
오웰. 뒷줄 왼쪽에서
세 번째가 오웰이다.

"그래서 급히 나는 결국 그 코끼리를 쏘아야 한다는 것을 깨달았다. 사람들이 내게 그것을 기대하는 이상 나는 그렇게 하지 않으면 안되었다. 2,000명의 의지가 나를 그렇게 몰아세우는 것을 느꼈다. 그 순간, 총을 손에 쥐고 그곳에 선 순간, 비로소 나는 백인이 동양을 지배하는 것의 덧없음, 어리석음을 깨달았다. 나는 여기서 총을 쥔 백인으로 무기를 갖지 않은 원주민 앞에 섰다. 마치 연극의 주인공처럼. 그러나 실제로 나는 배후의 황색 얼굴, 얼굴, 얼굴의 뜻대로 이리저리 움직이는 어리석은 꼭두각시 인형에 불과했다. 그때 나는 깨달았다. 백인이 폭군으로 변할 때, 백인은 스스로의 자유를 파괴한다는 것을."

〈코끼리를 쏘다〉를 처음 접했을 때, 나는 이 대목을 읽고 충격을 받았다. 이 대목은 마치 앙드레 지드가 프랑스 식민지인 아프리카 콩고를 여행하던 중 프랑스의 야만적 행위를 목격하면서 제국주의에 대한 환상에서 벗어나는 과정과 흡사하다.

오웰이 버마에서 느낀 회의는 단순히 제국주의에 대한 반대가 아니었다. 훨씬 더 본질적이고 근원적이었다. 인간이 인간을 지배하는 모든 형태에 대한 반대였다. 그럼에도 오웰은 인종적 편견을 완전히 떨쳐버리지는 못했다.

파리와 런던의 밑바닥 생활

1927년 8월, 오웰은 프랑스를 거쳐 다시 영국 땅을 밟았다. 런던에서 그는 자유의 공기를 만끽했다. 식민지에서의 5년이 자유를 망각한 시간이었다는 사실을 뼈저리게 깨달은 오웰은 제국주의 경찰을 그만두기로 결심했다. 가족들은 왜 중류생활이 보장되는 경찰관을 그만두느냐며 오웰을 나무랐다.

오웰은 더 이상 가족에게 부담을 주지 않고 따로 살면서 글을 쓰고 싶었다. 그는 빈민가인 노팅힐의 포르토벨로 가에 방 한 칸을 구했다. 노팅힐 지역은 카리브 연안의 흑인들이 런던에 도착해서 정착하는 곳이었다. 싸구려 셋집에 난방시설이 제대로 되어 있을 리 없었다. 그는 곱은 손가락을 촛불에 녹이며 글을 썼다.

노팅힐은 런던 시내에서 최근 10년 사이에 한국인에게 가장 친숙한 곳이다. 줄리아 로버츠와 휴 그랜트가 주연한 할리우드 멜로영화 〈노팅힐〉 덕분이다. 노팅힐에서 여행 전문 서점을 운영하는 평범한 영국 남자와 할리우드의 유명 여배우의 아름다운 해피엔딩 사랑을 그린 영화다. 영화는 "노팅힐은 주중에는 시장이 선다. 주말이 되면 수많은 노점상들이 노팅힐 게이트에 이르는 포르토벨로 거리를 가득 메운 채 골동품을 판다. 가짜가 섞인 골동품을"이라는 남자 주인공의 내레이션으로 시작된다. 런던을 여행하는 많은 이들은 아름다운 러브스토리의 무대가 된 노팅힐에서 특히 골동품 가게와 서점에 관심을 갖는다.

오웰은 노팅힐에 살면서 부랑자들의 생활에 관심을 갖게 되었다. 거리로 내몰리는 사람들의 고통을 체험하고 싶었다. 오웰은 《위건 부두 가는 길》에서 이렇게 쓰고 있다.

"따라서 내 마음은 극단적인 사례, 사회적 탈락자 — 부랑자, 걸인, 범죄자, 매춘부 — 에게 향해졌다. 그런 사람들은 '하층 사람들 중에서도 최하층 사람들'이고, 내가 접하고자 생각한 바로 그런 사람들이었다. 당시 내가 마음 밑바닥에서 바란 것은 꽉 짜인 사회로부터 완전히 벗어난 길을 발견하는 것이었다."

오웰이 살았던 노팅힐로 가려면 지하철 서클라인을 타고 '노팅힐 게이트' 역에서 내린다. 역사를 나오면 이정표에 '포르토벨로 마켓'이라고 나와 있어 찾아가기가 쉽다. 포르토벨로 길은 작은 2층 집들이

들어서 있는 주택가의 길로부터 시작된다. 조지 오웰이 살았던 곳은 주택가에 있는 포르토벨로 22번지. 유명한 골동품 거리는 이 주택가를 지나면서 시작된다.

포르토벨로 22번지에서는 어디에서도 빈민가의 흔적을 찾기가 어렵다. 비록 집들은 그때나 지금이나 여전히 작지만 거리는 깔끔하고 조용하다. 포르토벨로를 찾는 관광객 대부분은 골동품 거리를 즐기러 온다. 골동품 상점들이 몰려 있는 포르토벨로에 가면 2~3개의 플라크가 걸려 있는데 이곳에 최초로 골동품 가게를 연 사람에 관한 짧은 기록이다. 조지 오웰이 이곳에 살았을 때는 골동품 거리가 조성되기 전이었다. 골동품 거리는 그 자체로도 매력 덩어리다. 적어도 한 나절은 보낸다는 생각으로 오면 좋다.

노팅힐 포르토벨로에 있는 오웰의 셋집

가짜 골동품도 간혹 눈에 띄지만 대부분은 진짜 골동품들이다. 피카딜리 가나 옥스퍼드 가 같은 런던 중심가에서는 결코 만날 수 없는 것들이 많다.

나는 그 중에서도 재봉틀 수백 대가 전시되어 있는 가게에 매료되었다. 이제는 재봉틀을 집에서 사용하는 가정이 드물지만 기성복이 의복생활의 중심으로 자리잡기 전, 재봉틀은 가족들 의복의 대부분을 생산해 냈다. 각각의 재봉틀은 저마다 얼마나 많은 이야기들을 반질반질한 기름때 속에

저장하고 있을 것인가. 골동 재봉틀은 조지 오웰이 살았던 1920년대 말의 시대 분위기와 잘 어울린다.

노팅힐에서 겨울을 난 오웰은 1928년 봄 파리로 갔다. 파리에는 이모가 살고 있었다. 당시 영미의 작가와 예술가들이 파리로 모여들었기 때문이었을까? 파리에서는 어네스트 헤밍웨이, 제임스 조이스, 사무엘 베케트 등이 카페에서 어울리고 있었다. 그러나 오웰은 런던에서처럼 밑바닥 생활을 계속했다. 실제로 그는 비상금을 도둑맞아 무일푼 신세였다. 나중에 오웰은 자신이 파리로 간 것은 프랑스어를 배우기 위해서였다고 썼다.

런던에 돌아왔을 때 오웰은 부랑자가 되어 있었다. 구빈원의 구급 숙박소 신세를 져야 했다. 오후 6시까지 줄을 서면 1박 2식, 즉 하룻밤을 잘 수 있고 저녁식사와 다음날 아침식사를 할 수 있었다. 1929년 말에는 접시닦이로 취직하여 하루 17시간씩 접시를 닦았다. 이 무렵 오웰은 최초로 원고청탁을 받았다. 좌익 잡지《아델피》에서 런던의 빈민

노팅힐 포르토벨로의
골동품 거리

구제시설에 대한 원고를 청탁한 것이다. 오웰은 구빈원을 "무식한 사람을 종일 할 일 없이 감금해 놓는 매우 어리석고 잔인한 곳이며, 개를 통 속에 다 집어넣고 쇠사슬로 묶어놓는 곳과 같다"고 썼다.

《아델피》지는 오웰의 초기 작가 활동에서 대단히 중요한 매체다. 1935년까지 오웰이 쓴 에세이와 소설은 모두 《아델피》지에 발표되었다. 1923년 창간된 이 잡지는 1920~1950년대 당시 영국 문단의 주류였던 블룸스버리 그룹과는 노선을 달리하며 예술지상주의, 마르크스주의, 프로이트주의, 다다이즘, 초현실주의 등을 지지했다. 1920년대 후반 들어 《아델피》지는 좌익 성향을 분명히 드러내기 시작했다. 이 잡지는 6펜스라는 값싼 가격에 발행되면서 사회주의운동을 대중화시키는 데 큰 역할을 했다.

프랑스 소설 읽는 부랑자

1931년 여름 오웰은 다시 런던에서 홈리스 생활을 시작했다. 그는 이슬을 피할 수 있는 곳이면 어디나 종이박스를 깔고 신문지로 몸을 덮었다. 홈리스들은 무리를 지어 다니는 경향이 있다. 잠에서 깨면 누가 말을 하지 않아도 어슬렁어슬렁 트라팔가 광장으로 모여들곤 했다. 오웰 역시 아침이면 광장으로 나와 연못에서 세수를 했다.

오웰은 여느 부랑자와는 달리 프랑스어로 된 발자크 소설을 읽었다. 프랑스어 소설책을 읽는 노숙자? 진짜 부랑자로부터 '위장 취업자'로 의심받기 좋은 상황이지만 당시 프랑스어 책은 포르노로 간주되어 아무런 문제가 되지 않았다. 트라팔가 광장의 노숙자는 오웰의 작품에 여러 번 등장한다.

트라팔가 광장은 예나 지금이나 자유의 천국이다. 모든 질곡으로부터 해방된 자유! 여름날, 트라팔가 광장을 내려다보는 국립미술관 앞 잔디밭은 런던에서 가장 유명한 낮잠의 명소다. 대영제국의 영광을 상징하는 공간에서 넬슨과 나폴레옹의 해전사(海戰史)를 자장가 삼아 역사적인 낮잠을 즐기는 부류는 다양하다. 개중에는 부랑자도 있고, 드물게 팔자 좋은 견공(犬公)도 있다.

트라팔가 광장에는 넬슨 동상이 서 있다. 오웰은 동상을 보면서 1805년의 나폴레옹을 생각했을 것이다. 스페인 트라팔가 곶에서 맞붙은 넬슨의 전함 27척과 나폴레옹 함대 33척. 넬슨의 함대는 한 척도 파괴되지 않은 반면 나폴레옹 함대는 19척이 나포되었고 1척이 폭파되었다.

트라팔가 광장의
넬슨 동상

광장에는 2개의 분수대가 있는데 물이 아주 깨끗했다. 조지 오웰이 '위장 부랑자'로 어슬렁거릴 때도 수질은 지금과 비슷하지 않았을까. 조지 오웰이 그랬던 것처럼 세수를 해도 아무 문제가 없을 만큼 깨끗하다. 여름날 이른 아침 트라팔가 광장에 가보면 부랑자들이 연못에서 얼굴을 씻는 광경을 볼 수 있다.

1930년대, 매년 9월이 되면 호프의 주생산지인 켄트 지방에서는 노동력이 부족했다. 부랑자들 일부는 호프 이삭줍기에 일당 노동자로 동원되기도 했다. 호프 이삭줍기에는 특별한 기술이 필요하지 않아 일시적으로 부랑자들이 환영받았다. 오웰 역시 다른 부랑자와 함께 호프 이삭줍기를 했다. 노동자들은 하루 9~10시간씩 일하고 수확량에 따라 임금을 받았다. 오웰은 켄트 지방의 호프 농장에서 18일간 일했다.

런던에 돌아온 오웰은 싸구려 하숙집에 머물며 공공도서관에 나가 글을 썼다. 좌익 주간지였던 《뉴 스테이츠먼》에 〈호프 줍기〉가 실렸다. 오웰은 이에 앞서 완성한 《파리와 런던의 밑바닥 생활》을 '파버 앤 파버' 출판사에 보냈다. 하지만 런던과 파리 생활 사이에 연관성이 없다는 이유로 출판사로부터 퇴짜를 맞았다. 오웰은 크게 낙담한 나머지 원고를 전부 없애버리려고도 했다.

1932년 오웰은 엘리노어 자크라는 여성을 만난다. 그녀 역시 가난했다. 싸구려 호텔조차 들어갈 돈이 없던 연인들은 풀밭을 찾곤 했다. 들판에서의 섹스는 오웰의 여러 작품에 등장한다. 가장 유명한 작품이 《1984》. 주인공 윈스턴은 전지전능한 감시자 빅 브라더가 금지한 섹스를 숲속에서 몰래 즐기다 발각되어 최후를 맞는다.

트라팔가 광장의 분수대

또 같은 해에 오웰은 출판 기획자 레오나드 무어를 알게 되었다. 무어의 주선으로 신생출판사 사장 빅터 골란츠가 《파리와 런던의 밑바닥 생활》을 출판하겠다고 연락해 왔다. 명예훼손의 우려가 있는 부분은 삭제한다는 조건이 붙었지만 오웰은 출판만으로도 고마울 따름이었다.

오웰은 1932년 11월 무어에게 보낸 편지에서 필명을 P. S. 버튼, 케네스 마일즈, 조지 오웰, 루이스 올웨이스 중에서 선택해 달라고 말한다. 그가 본명 대신 필명을 고집한 이유는 책의 성공에 대한 자신이 없었기 때문이다. 출판사 측은 독자들이 쉽게 기억할 수 있다는 이유로 조지 오웰을 골랐다. 조지는 영국 성인(聖人)의 한 사람이고, 오웰은 런던 부근의 작은 강 이름이었다.

《파리와 런던의 밑바닥 생활》은 성공적이었다. 책이 나오자마자 그 주의 베스트셀러에 올랐고, 런던에서만 3,000부가 팔렸다. 조지 오웰이라는 작가가 대중에 처음으로 알려지기 시작했다. 1933년 6월에 미국에서도 출판되었다. 1935년에는 프랑스어 판과 체코어 판도 나왔다.

1933년 12월, 오웰은 《버마의 나날들》을 탈고했지만 골란츠는 난색을 표시했다. 《파리와 런던의 밑바닥 생활》과 마찬가지로 실제 경험을 바탕으로 쓴 글이다 보니 명예훼손의 위험이 컸던 탓이다. 우여곡절 끝에 1934년 10월, 미국판이 먼저 나왔다. 영국판은 1935년 6월에 나왔다. 영국판에서는 등장인물의 이름이 모두 바뀌었다. 《뉴 스테이츠먼》에 실린 서평 "인도에 있는 영국인에 대한 힘차고 맹렬하고 거친 공격"에 오웰은 큰 힘을 얻었다. 자신이 《버마의 나날들》에서 말하고자 한 메시지를 정확히 읽어낸 서평이었다. 이 서평을 쓴 사람은 세인트 시프리언즈 예비학교 시절 친구인 시릴 코놀리였다.

서점의 작가 겸 점원

1934년 10월, 오웰은 런던 북부 헴스테드 지역의 고서점 '북러버스 코너'(Booklover's Corner)에 시간제 점원으로 취직했다. 서점 주인은 방 한 칸을 작가 겸 점원에게 내주었다. 오웰은 오전 1시간, 오후 4시간씩 일했다. 헴스테드 지역은 지식인들이 많이 거주하는 지역. 오웰은 독립노동당원인 서점 주인의 배려로 비교적 자유롭게 지내며 젊은 작가들과 어울릴 수 있었다. 그는 평범한 서점 점원이 아니었다. 《파리와 런던의 밑바닥 생활》을 쓴 작가였다.

오웰은 1년 반의 고서점 점원 생활을 통해 중요한 사실을 깨달았다. 대중의 취향을 파악했고, 책의 일생을 알게 되었다. 자신이 좋아하는 책이 아닌 독자들이 원하는 책을 써야 한다는 각성을 했다. 서점에서의 경험은 《엽란(葉蘭)을 날려라》에서 자세히 묘사된다.

오웰은 고서점 점원으로 있으면서 한 여성을 만나게 된다. 서점 여주인의 소개로 알게 된 아일린 오쇼네시였다. 그녀는 옥스퍼드 지방의 세인트 휴즈 여자대학에서 영문학을 전공했고, 오웰과 만날 즈음에는 런던대학 대학원에서 교육심리학을 공부하고 있었다. 그녀는 후에 오웰과 결혼한다.

'고서점 점원 오웰'을 만나러 헴스테드로 가보자. 국철 '헴스테드 히스' 역에서 내리면 '사우스 엔드' 로와 만나는데 경사가 완만한 이 길을 따라 2~3분 걸어 내려가면 폰드 가와 만나는 상가 건물이 나타난다. 베이커리 체인점 '르 팡'이다. 바로 고서점 '북러버스 코너'가 있던 곳이다.

책과 가장 잘 어울리는 것은 무엇일까? 첫째는 커피나 티. 그 다음은 빵이 아닐까. 서점 점원 오웰을 만나러 가면서 그 자리에 고서점이

북러버스 서점이
있던 곳. 지금은
빵집이 들어서 있다.

남아 있으리라고는 기대하지 않았다. 빵집 모서리를 돌아 폰드 가로 들
어서려는 순간, 모서리에 갈색 플라크가 붙어 있는 것이 아닌가.

"George Orwell, writer lived and worked in a bookshop on this
site 1934~1935(작가 조지 오웰이 이 자리에 있던 서점에서 1934~1935년
살며 일했다)."

얼마나 다행인가. 홍차와 빵, 그리고 책이 있으면 영국인은 행복해
진다지 않던가. 빵집이 서점 자리에 들어선 것은 우연이겠지만 옛 서
점 점원의 강력한 포스 때문일 것이라고 마음대로 생각해 본다. 빵집
앞길로 버스, 승용차 등 자동차들이 쉴 새 없이 지나다녔지만 나는 서
점 점원 오웰 앞에서 오래도록 서 있었다. 갈색 플라크를 언제 붙였는
지 알 수는 없었지만 칠이 조금 떨어져 나간 부분이 보였다. 건물은 4
층. 1층은 상가이고 2~4층은 살림집인 전형적인 주상복합건물이다.
건물 외벽의 벽돌을 살펴보니 60년은 족히 넘었을 것 같다. 오웰이 살
던 건물 그대로라는 확신이 들었다.

서점 점원은 이곳에서 행복했을 것이다. 책의 향기 속에서 숙식을 해결하고 돈도 벌고 글도 쓸 수 있었으니. 더군다나 작가에게 쓰는 것 못지않게 중요한 것이 읽는 일인데, 책을 공짜로 읽을 수 있는 직업을 가졌으니 말이다. 여기에 덤으로 서점 점원은 독자들이 어떤 책을 구입

북러버스 서점이 있던 자리의 갈색 플라크

하는지를 지속적으로 관찰할 수 있었다. 서점 점원 오웰을 떠올려보면, 인간에게 과연 쓸모없는 경험이란 것이 있을까 하는 생각이 든다.

오지에서의 신혼생활

1936년 1월, 오웰은 골란츠 사장으로부터 영국 북부 공업지대의 실업자에 대한 책을 써달라는 요청을 받는다. 선인세로 원고료 500파운드를 받았다. 500파운드면 부친의 1년 연금보다도 큰 액수였다. 결혼 자금으로도 충분했다. 더 이상 고서점을 다닐 이유가 없었다.

오웰은 취재차 랭카서 주와 요크서 주의 북부 공업지대로 떠났다. 산업혁명이 시작된 북부 공업지대를 목격한 오웰은 충격을 받는다. 북부지방 광부의 실업률은 남부의 3배에 달했다. 오웰은 광부와 그 가족들의 삶이 버마에서 경험한 동양인의 삶보다 더 비참하다고 생각했다. 채탄 현장을 보기 위해 지하 1킬로미터 깊이의 갱도로 들어갔다가 약한 폐로 인해 고통을 겪기도 했다.

북부 공업지대에서 2개월간 머물다 돌아온 오웰은 4월에 하트포드서 주의 산골마을 월링턴에 값싼 집을 구해 이사한다. 전기도, 수도 시설도 없는 오지생활은 그가 꿈꿔온 삶이었다. 특히 북부 공업지대에

서 경험한 환경오염과 철근, 콘크리트로 된 건물들은 시골생활에 대한
열망을 더욱 부채질했다.

오웰은 6월에 아일린 오쇼네시와 결혼하고 월링턴에서 신혼생활을
시작했다. 시골생활은 불편하기 짝이 없었다. 집안에 화장실도 없었
다. 월링턴은 오지 중 오지여서 일주일에 두 번 버스가 다녔다. 부부의
유일한 교통수단은 자전거 한 대. 마을에는 생필품을 파는 상점조차
없었다. 오웰 부부는 식료품 가게를 차렸다. 손님이 뜸해서 굳이 가게
를 지키고 있을 필요가 없었기 때문에 글쓰기에 집중할 수 있었다.

르포르타주 문학의 백미로 평가받는《위건 부두 가는 길》은 그해
12월에 나왔다. 이 책의 1부는 랭카서 주와 요크서 주에 대한 탐사 기
행물이다. 탄광촌과 광부 생활을 사실적으로 묘사하여 르포르타주 보
도의 전범으로 평가받는다. 2부는 개인 성장사와 정치적 양심의 발달
사에 관한 에세이다. 여기에는 그가 목격한 좌익에 대한 강한 비판이
담겨 있다.

하트포드서 주의 월링턴은 에세이스트 겸 소설가 오웰을 이해하는

데 빼놓을 수 없는 곳이다. 《위건 부두 가는 길》과 《카탈로니아 찬가》가 월링턴 집에서 쓰였고, 소설 《동물농장》의 구상을 이 집에서 시작했다.

오웰의 부인 아일린 블레어

하트포드서 지방은 런던 북쪽에 있다. 옥스퍼드 지방과 붙어 있으나 옥스퍼드 지방에 비하면 거의 알려지지 않은 곳이다. 런던에서 월링턴의 키치레인 2번지까지는 약 40마일. 작은 마을인 발독을 거쳐야 했다. 발독은 매우 아담했지만 전형적인 영국의 시골마을다운 품격을 간직하고 있었다. 발독을 지나면서 곧 도착할 것이라는 기대로 나는 들떴다. 자동차의 내비게이션 화살표는 자신 있게 특정 방향을 가리키고 있었다.

발독을 벗어나 몇 개의 '라운드 어바웃(원형 교차로)'을 지나자 들판이 나타났다. 목적지에 도착했다는 표시가 나왔다. 순간 화살표는 방향을 잡지 못하고 빙빙 돌았다. 밀밭 한가운데에 승용차가 덩그라니 길을 잃고 내던져진 상황! 온 길을 제외하면 길은 하나밖에 없었지만 화살표는 그 길을 가리키지 않고 있었다. 다른 방법이 없었다. 일단 그 길을 가기로 했다. 길은 끝없이 펼쳐진 밀밭 사이로 나 있었다. 차를 몰면서도 길이 중간에서 끊기는 일이라도 생기지 않을지 불안했다.

한참을 달렸을 때 멀리서 승용차 한 대가 내려왔다. 승용차 두 대는 각각 양편 밀밭 둔덕으로 차체를 거의 붙여서야 가까스로 비켜갈 수 있었다. 순간, 앞길에 꿩 가족이 종종걸음으로 지나가고 있었다. 까투리와 새끼 네 마리.

그때 월링턴 집이 오지여서 일주일에 두 번만 발독에서 버스가 다녔고 오웰 부부의 유일한 교통수단은 자전거밖에 없었다는 이야기가 생각났다. 그렇다면 이 길이 맞을 것이다. 저 멀리 지평선을 넘어서면

틀림없이 마을이 나올 것이다.

오웰이 생필품을 자전거 뒤에 싣고 이 언덕길을 올라갈 때 얼마나 힘에 부쳤을지 짐작이 갔다. 마주치는 사람 하나 없는 이 길은 또 얼마나 적막했을까. 그 쓸쓸한 여정의 길동무는 여우, 꿩, 메추리 등 야생동물이었을 것이다.

초조한 마음으로 언덕마루에 다다랐을 때 지붕이 살그머니 모습을 드러냈다. 순간 나는 환호했다. 거기에 마을이 있었다. 키치레인 2번지 오웰의 집은 어렵지 않게 찾을 수 있었다. 조지 오웰이 이 집에서 4년간 살았다는 내용의 갈색 플라크가 걸려 있었다.

가난한 부부의 신혼집은 보기에도 규모가 매우 작았다. 특이하게 지붕을 이엉으로 얹었고, 지붕이 쏟아지지 않게 그물망으로 단단히 고정시켜 놓았다. 짐작건대, 플라크를 붙이면서 집을 마음대로 증개축할

오웰의 신혼집 가는
길의 밀밭

GEORGE ORWELL
1903 - 1950
Author
Lived here
1936 - 1940

수 없도록 한 것 같았다. 오웰 부부는 이 집에 살면서 검박한 생활을 했다. 웬만한 것은 자급자족으로 해결했고 필요불급한 최소한의 것만 발독으로 나가 사왔다. 윌링턴 마을은 지금도 20여 가구 남짓한 작은 마을이다. 부부는 자급자족하고 남는 식료품을 팔았으나 작은 마을에 손님이 얼마나 있었겠는가.

키치레인을 나와 다시 밀밭길을 달리며 생각했다. 오웰의 윌링턴 집은 헨리 소로(1817~1862)의 자아여행 기행문 《월든(Walden)》을 연상시켰다. 헨리 소로가 2년여 월든 호숫가에서 홀로 지내며 자연환경과 동물에 대해 기록한 것이 《월든》이다.

불멸의 작품을 탄생시킨 그 공간과 환경은 70여 년이 지난 지금도 변함이 없었다. 승용차가 발독을 거쳐 런던으로 들어가는 고속도로로 접어들었다. 자동차들이 질주의 향연을 벌이고 있었다.

소음과 매연 속에서 나는 비로소 깨달았다. 오웰이 왜 이 멀고 먼 오지로 들어와 글을 썼는지를. 관계의 사슬로부터 자신을 해방시키고 자연의 순수 속으로 자신을 개방시키는 그런 공간이 예술적 천재들에게는 꼭 필요했던 것이다.

최고의 에세이스트로

1938년 3월, 오웰은 극심한 각혈을 하기 시작했다. 폐결핵이었다. 오웰이 폐결핵에 걸렸다는 사실은 건강이 나쁜 상태가 몇 년간 지속되었다는 것을 뜻한다. 1937년, 4개월간 스페인 내전에 참전해 공화주의자 진영에서 싸우면서 마음의 상처를 입었을 뿐만 아니라 몸도 병을 얻었다. 마침 처남이 결핵 치료의 권위자여서 그의 도움으로 런던 남부의 병원에서 입원 치료를 받았다. 4월,《카탈로니아 찬가》가 출판되었지만 반응은 냉담했다.

의사는 오웰에게 최소한 6개월은 공기 좋은 곳에서 요양해야 한다고 권했다. 오웰 부부는 아프리카 북부 마라케시 근교의 소박한 집을 빌려 시골생활을 시작했다. 어린 시절부터 낚시를 좋아한 오웰은 마라케시에 와서도 종종 낚시를 즐겼다.《숨쉬러 올라오기》는 낚시를 하다가 모티브를 얻어 쓴 작품이다.

1939년 3월, 오웰 부부는《숨쉬러 올라오기》를 들고 월링턴으로 돌아왔다. 다행히 이 책은 반응이 좋았다. 오웰은 사회민주주의만이 영국을 자본주의로부터 구해줄 수 있다는 신념에 독자들이 공감하기를 기대했다. 이런 오웰의 사상은 그가 쓴 첫 작가론〈찰스 디킨스〉에도 잘 드러나 있다. 오웰은 디킨스 작품이 선과 악이라는 판에 박힌 인물 유형에도 불구하고 사람을 감동시키는 어떤 원시적인 자질이 있기 때문에 성인들도 디킨스를 읽는다고 주장했다. 그의 작가론〈찰스 디킨스〉는 다른 글들과 함께 에세이집《고래 뱃속에서》에 소개된다. 오웰은 이 에세이집으로 최고의 산문작가이자 평론가로 이름을 얻었다.

1940년이 되자 오웰 부부는 윌링턴 생활을 정리하고 런던으로 이사했다. 새 보금자리는 차크포드 가 18번지 도싯 챔버. 오웰은 소설을 쓰는 동시에 프리랜서 비평가로 신문과 잡지에 글을 기고했다. 그러나 2차대전으로 많은 잡지들이 정간되면서 원고료 수입으로 생활해 오던 오웰도 타격을 입었다. 오웰은 리젠트 공원 부근의 허름한 아파트로 이사해야 했다. 동시에 오웰은 지역 민방위 의용군에 편성되었다. 스페인 시민전쟁 참전 경력 때문에 하사로 인정받은 오웰은 3년간 의용군 훈련을 맡아 독일군과 맞설 수 있는 부대로 만들었고 훗날 이 공로를 인정받아 훈장을 받았다.

오웰은 1941년 8월, BBC에 방송작가로 취직했다. 인도로 내보내는 방송을 제작하는 '전시중요업무'를 맡았다. BBC는 42개 언어로 해외 방송을 제작하고 있었는데, 인도의 경우는 영어 방송을 했다. 오웰은

염소에게 먹이를 주고 있는 오웰

BBC 근무 시절의 오웰. 왼쪽의 서 있는 사람이 오웰이고 오웰 앞에 앉아 있는 사람이 엘리엇이다.

영어 방송의 뉴스 해설과 문화 프로그램을 집필했다.

2차대전 당시 인도는 영국의 치명적 약점이었다. 독일은 인도를 혼란시키기 위해 인도 병사들의 이탈을 부추기는 선전전(戰)에 돌입했고, 일본군은 인도 문턱까지 진격해 오고 있었다. 이런 상황에서 인도 방송의 역할은 막중했다.

이미 식민지 경찰을 그만둔 이력에서도 알 수 있듯 오웰은 관료조직에 체질적으로 맞지 않는 사람이었다. 더욱이 전시여서 모든 방송 원고는 검열을 받았다. BBC에서 오웰은 엘리엇, 포스터, 스펜서, 리드, 코놀리, 토머스 등 당대의 문인들을 많이 만났으나 이것이 검열이 주는 불쾌함을 상쇄시켜 주지는 못했다. 오웰이 BBC를 그만둔 결정적인 이유는 방송을 듣는 인도인이 극소수에 불과하다는 사실을 뒤늦게 알았기 때문이다.

BBC에서 근무한 2년을 어떻게 볼 것인가. 오웰 연구자들은 방송 원고를 쓰며 보낸 2년이 결국 시간과 재능의 낭비였다고 말한다. 오웰이 BBC에 들어간 것은 전시라는 특수 상황 때문이었다. BBC에서 보낸 2

년이 과연 '시간과 재능의 낭비'였을까. 인간이 경험하는 그 어떤 일
도 온전히 낭비적인 것은 아닐 것이다.

BBC 시절 오웰의 유일한 즐거움은 작가들과 피츠로이 태번에서 술
을 마시는 것이었다. 피츠로이 태번은 블룸스버리 구역의 샬롯트 가
16번지에 있다. 샬롯트 가에는 1940년대와 마찬가지로 지금도 많은
태번이 줄지어 있고, 해거름녘이 되면 태번 외벽에 몸을 기댄 채 에일
맥주로 목을 축이는 사람들로 북적인다. 피츠로이 태번은 샬롯트 가
에서 역사와 전통을 자랑하는 술집이다. 피츠로이 태번으로 가려면
전철을 이용하는 것이 가장 편리하다. 노던 라인 '구즈 스트리트' 역
에서 2분 거리에 있다.

피츠로이 태번의 전성기는 1920년대부터 1950년대 중반까지였다.
런던에서 활동하는 작가, 예술가, 지식인, 보헤미안들의 만남의 장소
였다. 딜런 토마스, 아우구스투스 존, 조지 오웰이 피츠로이 태번의 단
골이었다.

여름날의 피츠로이 태번

피츠로이 태번이 다른 태번과 다른 점은 크게 세 가지다. 첫번째는 벽면에 빈 공간이 없다는 것이다. 단골손님인 작가, 예술가, 지식인들의 사진, 초상화, 캐리커처, 그림, 신문기사 등이 다닥다닥 붙어 있다. 하나하나 읽다 보면 피츠로이 태번에 얽힌 이야기들이 모자이크처럼 엮어지는 것을 느끼게 된다. 두번째는 오붓한 일인용 테이블이 1층에 여러 개 마련되어 있다는 점이다. 창가에 붙어 있는 일인용 테이블에 앉으면 내부가 아무리 시끄러워도 집중과 몰입이 가능하다. 일인용 테이블을 좋아하는 사람들은 대개 뭔가를 쓰는 사람들이다. 맥주 한 잔을 시켜 놓고 몇 시간을 글을 써도 뭐라고 하는 사람이 없다. 마지막으로 작가와 예술가를 위한 공간이 지하에 따로 마련되어 있다는 점이다. 지하실은 비좁지만 분위기는 은밀하다.

피츠로이 태번을 유명하게 만든 사람은 오웰과 딜런 토마스. 두 사람은 왜 피츠로이 태번을 아지트로 이용했을까. 바로 1940~1950년대 BBC방송국으로 사용된 랭엄 플레이스와 브로드캐스팅 하우스가 피츠

피츠로이 태번 내부

로이 태번에서 몇 걸음 떨어져 있지 않기 때문이다.

　1943년 11월, 오웰은 의용군과 BBC를 사직하고 월간지 《트리뷴》지의 문학 담당 기자로 들어간다. 그는 《트리뷴》지가 전쟁을 지지하면서도 처칠 정부에 비판적인 성향이 마음에 들었다. 오웰은 이 잡지의 고정 칼럼 '나 좋은 대로'를 맡았다. 기존에 있던 칼럼이었으나 오웰이 집필하고부터 이 칼럼은 금방 인기를 얻었다. 오웰은 《트리뷴》지에 1년 3개월 있으면서 모두 71편의 칼럼을 썼다.

　《트리뷴》 기자로 있으면서 오웰 부부는 어느 때보다도 안정적인 생활을 할 수 있었다. 오웰은 낡은 5층 아파트에서 나와 좀더 큰 집을 얻었다. 지하실에 목공실을 만들고 뒷마당에 닭도 몇 마리 키웠다.

《트리뷴》지 기자 시절의
오웰의 신분증

《동물농장》과 《1984》

　1943년 11월부터 오웰은 오랫동안 구상해 온 작품 집필에 몰두했다. 스페인 내전에 참전하지 않았다면 오웰은 이 작품의 아이디어를 얻지 못했을 것이다. 사회민주주의를 신봉한 그가 스페인 내전에서 목에 총상을 입고도 구사일생으로 목숨을 건졌다. 그가 소련의 숙청 직전에 몸을 피해 탈출하면서 목격한 것은 '소련 신화'의 허구였다. 소련 신화는 곧 정치 신화였다. 모든 이념이 각축을 벌인 스페인 내전에서 오웰은, 정치 신화는 언제나 조작될 수 있다는 사실을 깨달았고, 조작된 정치 신화에 의지해 권력을 장악한 세력의 실체를 확인했다. 그는 이 소설과 관련, 이런 글을 남겼다.

"과거 10년간 나는, 사회주의운동의 재흥이 일어나려면 소련 신화의 파괴가 결정적으로 필요하다고 확신해 왔다. 스페인에서 귀국한 뒤 나는 대부분의 사람들이 쉽게 이해하고 다른 나라 말로도 쉽게 번역할 수 있는 이야기를 통해 소련 신화를 폭로하리라 생각했다. 그러나 이야기의 세부는 금방 떠오르지 않았다. 어느 날 나는 열 살쯤 되어 보이는 어린 소년이 좁은 길에서 큰 마차용 말을 쫓고 있는 것을 보았다. 말이 길에서 벗어나려고 하자 소년은 채찍을 휘둘렀다. 나는 돌연 이러한 동물들이 자신의 힘을 자각했다면 인간은 동물들에게 권력을 휘두를 수 없었을 것이라고, 인간은 부자가 프롤레타리아를 착취하는 것과 마찬가지로 동물들을 착취하고 있다고 생각하게 되었다. 나는 동물의 관점에서 마르크스이론의 분석으로 나아갔다."

이 소설이 반(反)스탈린주의 우화소설 《동물농장》이다. 원고가 완성된 1944년 2월은 유럽에서 2차대전이 한창이었다. 여전히 히틀러의 위세는 위협적이었고, 런던 공습은 나날이 강화되었다. 히틀러와 대항하는 소련에 대한 우호적인 분위기가 팽배했다. 《동물농장》은 이런 친소(親蘇) 분위기에 정면 도전을 선언한 것이다. 동물들의 생태에 대한 놀라운 묘사는 오웰이 월링턴 생활에서 채소를 재배하고 가축을 키우는 과정에서 관찰한 것이었다.

《동물농장》은 출판에 어려움을 겪었다. 오웰의 작품에 대한 출판권을 갖고 있는 골란츠 출판사는 난색을 표시했다. 스탈린 체제에 대한 비판이 거북했던 것이다. 다른 출판사 세 곳도 반응이 비슷했다. 오웰은 실망한 나머지 자비로 출판하기로 결심했지만 생각처럼 여의치 않았다. 전시라 종이가 부족해 출판은 계속 지연되었다.

《동물농장》이 인쇄소에 들어가 있는 동안 2차대전은 종전이 가까워 오고 있었다. 오웰은 현장에 나가고 싶었다. 《옵저버》지 편집인 데이비드 애스터는 오웰에게 종군 취재를 제안했다. 결국 오웰은 《트리뷴》지를 그만두고 《옵저버》지의 종군기자가 된다. 1945년 3월, 오웰은 콜로네로 갔다. 오웰이 콜로네에서 결핵이 재발해 병이 나 있는 동안 아내 아일린은 뉴캐슬에서 종양 제거 수술을 받다 숨진다. 아일린이 오웰에게 수술 사실을 얘기하지 않은 이유는 비용에 대한 걱정과 금방 회복할 것이라고 생각했기 때문이었다.

1945년 8월 17일 마침내 《동물농장》이 태어났다. 초판 4,500부는 즉시 팔려나갔고, 11월에 2쇄 1만 부를 찍었다. 2차대전이 끝난 후 소련을 보는 유럽과 미국의 분위기는 달랐다. 유럽에서는 반소련 분위기가 형성되면서 《동물농장》이 반공산당 소설로 인식되었다.

목공 일을 하고 있는 오웰

반면 미국의 분위기는 소련에 온정적이었다. 심지어 루스벨트는 "처칠은 제국주의자이지만 스탈린은 제국주의자는 아니다"라고도 했다. 이런 친소 분위기로 인해 《동물농장》 미국판은 출판이 늦춰졌다. 《동물농장》은 1년 뒤인 1946년 8월에 나왔고, 반응은 영국에서보다 훨씬 뜨거웠다. 오웰은 이 책으로 유명 작가의 대열에 들어섰다. 비로소 오웰은 인세만으로 생계를 꾸릴 수 있게 되었다.

《동물농장》은 흔히 고전으로 불린다. 왜 고전인가? 65년이 지난 지금 읽어도 무릎을 치게 만드니까. 독재 권력이 어떻게 타락하고 부패로 흐르게 되는가를 이 소설보다 명쾌하게 보여준 문학작품은 없었다. 돼지들은 독재를 정당화하기 위해 최초의 7계명을 모두 지우고 계명 하나만 남겨놓는다. "모든 동물은 평등하다. 그러나 어떤 동물은 다른 동물보다 더욱 평등하다." 권력자는 현란한 수사를 동원해 모든 결과를 합리화시킨다. 돼지들의 독재가 시작된 것이다. 평등을 강조한 권력이 결국 독재화와 전체주의화 되는 사례는 역사에서 수없이 많다.

오웰은 자연 속에서 정원을 가꾸고 틈틈이 사냥과 낚시를 즐기며 글을 쓰고 싶었다. 그가 선택한 곳이 스코틀랜드의 외딴 섬 주라. 오웰은 주라 섬에서 그 동안 '유럽 최후의 남자'라는 제목으로 구상해 온 작품 집필에 들어갔다. 1년 뒤인 1947년 10월, '유럽 최후의 남자'의 초고가 완성되었고, 퇴고를 거듭해 최종 원고를 1948년 11월에 완성했다. 그는 원고지에 쓴 원고를 직접 깨끗하게 타이핑해 12월 출판사에 보냈다. 소설 제목은 《1984》였다. 그러는 사이 결핵은 자꾸 재발했

《1984》의 원고를 집필한 스코틀랜드 주라 섬의 저택

다. 오웰은 따뜻한 곳으로 가서 요양해야 했지만 최종 원고에 대한 압박감이 그를 무리하게 만들었고, 결핵균은 쇠약해진 그의 폐를 갉아먹었다.

알려진 것처럼 소설 《1984》는 특별하게 1984년을 지칭한 것은 아니다. 소설이 쓰인 시점으로부터 미래의 어느 시점을 상정한 것이다. 《1984》는 영국과 미국에서 거의 동시에 출간되었다. 1년간 영국과 미국에서 각각 5만 부와 36만 부가 팔렸다. 1년 만에 세계적인 베스트셀러가 되었다.

오웰, 여기 눕다

오웰의 병세는 나날이 악화되었다. 스코틀랜드 병원에서는 더 이상 손을 쓸 수가 없었다. 오웰은 런던의 한 대학병원으로 옮겼지만 살아날 가망이 없었다. 오웰의 마지막 3년은 입원과 퇴원을 반복한 시간이었다.

1946년의 오웰의 모습

1949년 10월, 병상에서 오웰은 소냐 브라우넬과 재혼했다. 오웰의 나이 46세, 브라우넬은 31세였다. 오웰이 브라우넬을 처음 만난 것은 1945년이었다. 아일린과의 관계가 좋지 않을 때였다. 오웰과 브라우넬은 2년 동안 만나지 못하다 1949년 봄에 재회했다. 브라우넬은 오웰의 마지막 연인이 되기를 주저하지 않았다. 이 장면은 프란츠 카프카의 최후를 연상시킨다. 도라 디아만트 역시 죽어가는 폐결핵 환자의 병상을 끝까지 지키지 않았던가.

1950년 1월 21일 오웰은 다시는 병상에서 일어나지 못했다. 오웰은 자신이 죽으면 가까운 교회 묘지에 매장해 달라는 유언을 남겼다. 하지만 런던의 센트럴 묘지에는 묻힐 공간이 없었다. 남편의 시신이 화장되는 것을 염려한 아내 브라우넬은 오웰의 친구들에게 매장할 수 있는 교회 묘지를 알아봐 달라고 부탁했다. 서튼 코트네이에 살고 있던 《옵저버》지 발행인 데이비드 애스터는 교회 담임목사의 도움으로 오웰의 시신을 그곳에 묻었다.

이제 마지막 장소인 오웰의 묘지를 찾아가 보자. 오웰이 영면하고 있는 옥스퍼드 지방 서튼 코트네이에 있는 올 세인트 교회이다. 교회에 다다르자 가장 먼저 교회 정문 앞에 서 있는 세노탑(충혼탑)이 눈길을 끌었다. 미국과 캐나다의 세노탑에는 1차대전이나 2차대전의 전사자 명단을 새겨넣는 것이 보통이다. 하지만 이 마을의 경우 1차대전에 참전한 부상자까지 모두 기록되어 있었다.

세노탑 옆에는 교회 묘지 안내판이 서 있다. 위에서부터 빠르게 읽어 내려갔다. 다행히 조지 오웰의 이름이 있었다. 또한 전혀 예상치 못한 인물이 적혀 있었다. 이 고장이 배출한 전직 수상 애스퀴스였다.

안내판에는 묘지 주소는 나와 있지 않았다. 하나씩 확인하는 수밖에 없었다. 60년의 세월이 흘렀으니 일단 묘비는 풍상에 마모될 대로 마모되었을 것이다. 오래된 묘비부터 둘러보았지만 찾기가 쉽지 않았다. 허둥대고 있는데 마침 묘지 관리인이 다가와 오웰의 묘를 알려주었다.

묘비를 확인하는 순간, 나는 너무나 초라한 모습에 충격을 받았다. 불멸의 이름과는 어울리지 않았다. 뿐만 아니라 묘비는 뒤로 약간 기울어져 있었다. 묘비에는 'George Orwell'이라는 이름도 없었고 '에릭 아서 블레어'라는 본명이 새겨져 있다. 그나마 다행인 것은 음각된

글씨가 아직은 선명해 문장을 읽을 수 있다는 점이다. "에릭 아서 블레어, 여기 눕다. 1903년 6월 25일 태어나 1950년 1월 21일 숨졌다."

지나온 만큼의 세월이 앞으로 흐르면 이름 알파벳도 확인하기 어렵게 될 것이다. 인상적인 것은 묘비명에 '묻혀 있다(buried)'라는 동사 대신에 '누워 있다(lies)'라는 단어를 사용하고 있다는 점이다.

에릭 블레어 묘지 뒤쪽에는 데이비드 애스터라는 이름의 묘비가 오웰을 쳐다보고 있었다. 나는 그 묘비를 무심코 지나칠 뻔했는데, 관리인이 "오웰의 후원자"라고 설명했다. 그제야 《옵저버》지의 발행인이었던 데이비드 애스터를 기억해 냈다. 그는 오웰을 끝까지 도왔다. 살아생전에는 오웰에게 지면을 제공하고 두둑한 원고료를 지급했고, 죽어서는 묻힐 곳까지 마련해 주었다. 그는 자신의 생애가 다했을 때 기꺼이 오웰 뒤에 묻히기를 원했다. 이승과 저승에서 끝까지 오웰을 떠나지 않은 진정한 오웰의 후원자였다.

초라한 묘비를 안타깝게 바라보다가 문득 이 묘비가 오웰의 삶을

조지 오웰 묘지. 뒤쪽에 《옵저버》 발행인 데이비드 애스터의 묘지가 보인다.

기막히게 상징한다는 데 생각이 미쳤다. 오웰은 반드시 필요한 것 이외에는 소유하지 않는 삶을 살아왔다. 묘비는 초라했지만 나는 '여기 눕다'라는 묘비문에서 위로를 받았다.

오웰은 세계인의 의식 속에 여전히 누워 있다. 지금 한국인이 《1Q84》에 매료되는 것도 어느 부분은 오웰 때문이 아닌가. 묘지 관리인은 한국에서 왔다는 사람이 자신의 고향이 배출한 인물인 전직 수상 애스퀴스의 묘지를 보지 않고 그냥 가려 하자 실망한 기색이었다.

그러나 어쩌겠는가. 권력은 찰나지만 문학은 영원한 것을.

윈스턴 처칠,

역사를 바꾼 영웅

1874 ~ 1965

귀족의 아들로 태어난 칠삭둥이

한 시대는 결국 몇몇 인물에 의해 대표된다. 어떤 도시가 그 공간이 배출한 인물로 대표되는 것처럼 특정 시대 역시 그 시대를 살아내고 그 시대에 가치와 의미를 부여한 사람에 의해 상징된다. 그렇다면 20세기를 대표하는 인물은 누구인가?

이 질문에 대한 답은 20세기를 어떻게 규정하느냐에 따라 달라진다. 20세기는 인류 역사상 과학문명에서 가장 놀라운 진보를 이룬 시대인 동시에 인류 역사상 가장 참혹한 전쟁을 치른 시기이기도 하다. 유럽과 아시아와 아프리카를 피로 물들인 1, 2차 세계대전의 관점에서 보면 20세기를 야만의 세기라고 규정하는 것은 결코 무리가 아니다.

윈스턴 처칠은, 20세기를 상징하는 10명 안에 포함된다. 범위를 영국으로 좁힌다면 윈스턴 처칠은 20세기 영국을 대표하는 인물 최상위에 오른다. 처칠을 연구하면서 뼈저리게 깨달은 진리가 있다. 한 시대나 인물에 대한 평가는 총체적으로 이뤄져야 한다는 것이다. 위대한 인물로 추앙받는 사람 중에서 처칠처럼 실패를 많이 하고도 재기에 성공한 사람이 있을까. 그처럼 모순적이고 괴팍한 인물이 또 있을까.

처칠은 1874년 11월 30일 옥스퍼드셔의 블렌엄 궁에서 첫 울음을 터뜨렸다. 블렌엄 궁은 말버러 공작인 조부가 살던 저택. '블렌엄 궁에서 태어났다'는 사실은 한 인간이 성장하면서 형성하게 되는 정신세계의 프레임을 결정지었다. 명문 귀족 집안이기 때문에 그는 누구보다 대영제국의 운명에 대해 낭만적인 사고방식을 갖게 되었다. 처칠의 생애는 블렌엄 궁을 빼놓고는 설명되지 않는다. 윈스턴은 블렌엄 궁에서 결혼했고, 블렌엄 궁에서 가까운 마을의 교회에 잠들어 있으니 말이다.

윈스턴의 아버지 랜돌프는 말버러 공작의 셋째 아들이었고, 어머니 제니는 뉴욕시 재무담당관인 레너드 제롬의 딸이었다. 영국 귀족의 자제와 미국 상류층 딸의 결합! 랜돌프는 하원의원 신분으로 1874년 제니와 결혼식을 올렸다. 첫 아이는 급하게 세상에 나왔다. 제니가 블렌엄 궁에서 승마를 하다 떨어져 그 충격으로 조산한 것이었다.

처칠 가문의 블렌엄 궁전　칠삭둥이로 태어난 처칠은 작고 약했다. 하지만 금방 정상 체중을

회복했다. 어머니가 젖을 잘 먹여서가 아니라 유모가 잘 돌봐준 덕분이었다. 당시 영국 상류사회의 여성들은 아이의 보육을 유모에게 맡긴 채 사교생활에 전념하는 것이 유행이었다. 아버지도 정치에 바빠 아들을 볼 시간이 없었다.

어린 처칠에게 생모는 멀리 있었지만 유모는 항상 곁에 있었다. 처칠에게 유모는 각별한 존재였다. 처칠은 기숙학교 시절과 군대 시절 유모에게 꾸준히 편지를 썼다. 그는 유모를 "내 가장 소중하고 가까운 친구"라고 생각했다.

처칠이 태어나고 묻힌 블렌엄 궁전으로 가보자. 궁전은 옥스퍼드 대학이 있는 옥스퍼드셔에 있다. 런던 중심가에서 자동차로 50여 분 걸린다. 입장료가 상당히 비싼데도 관람객이 줄을 잇는다. 영국에는 이런 규모의 궁전을 소유하고 있는 가문이 많지만 대다수가 유지관리 비용에 골머리를 앓는다. 일부는 견디다 못해 조상 대대로 물려받은 궁전을 매각하기도 한다. 하지만 블렌엄 궁전은 끄떡없다. 바로 9대손 윈스턴 처칠 때문이다.

블렌엄 궁전을 보는 법은 두 가지다. 하나는 티켓을 산 뒤 일반 관람객처럼 일직선으로 난 길을 따라 궁전으로 들어가는 방법이고, 다른 하나는 19세기 식으로 마찻길을 따라 궁전에 당도하는 방법이다. 나는 후자를 권하고 싶다. 궁전의 규모를 통해 대영제국의 찬란했던 영광을 느껴볼 수 있는 동시에 처칠에게 자리잡은 세계관의 원형과 만날 수 있으니 말이다.

길은 호수를 지나 양떼가 노니는 구릉 사이로 오르락내리락 구불구불 이어진다. "길에 어린 양들이 있으니 천천히"라는 푯말이 곳곳에서 있다. 궁전 앞 중앙에 우뚝 솟은 승전의 기둥을 향해 걷는다. 불과 100년 전, 내방객들은 마차에 탄 채 양옆으로 도열한 가로수를 사열하

SIR WINSTON
CHURCHILL'S
CURLS
Cut from his head when
he was five years old.

며 궁전을 향해 들어갔다. 텅 빈 잔디밭 사이로 일직선으로 난 끝없는 길. 베이징의 자금성이 오문(午門)에서부터 일직선으로 이어지는 웅대한 건축물로 사신들의 기를 제압했다면 블렌엄 궁전은 비움을 통해 위엄과 권위를 드러낸다.

궁전 관람은 결국 처칠의 생애를 일별하는 것으로 압축된다. 처칠이 아니었다면 외국인이 무엇 때문에 영국 귀족의 궁전에서 다리품을 팔겠는가. 궁전 1층은 사실상 처칠의 박물관이다. 처칠이 태어난 침대도 그때 그대로 있고, 칠삭둥이 갓난아기 처칠의 보드라운 몸을 감쌌던 배냇저고리까지 전시되어 있다. 다섯 살 때의 머리카락부터 장교 처칠의 어깨 위에 놓였던 견장, 21세 생일에 아버지로부터 받은 금시곗줄, 처칠이 그린 풍경화로 제작한 홀마크사(社)의 연하장 카드까지.

1층의 도서관인 딘 존스 룸(Dean Jones Room)의 전시물을 둘러보면 처칠 가문의 역사가 단순히 한 가문의 역사로 끝나지 않는다는 것을 확인하게 된다. 처칠 가문의 역사는 대영제국의 한 페이지이자 20세기 영국사와 일부분 겹쳐진다. 내가 궁전을 둘러보면서 가장 감동을 받은 곳이 바로 이 도서관이었다. 방대한 양의 책들이 책꽂이를 가득 채우고 있었다. 여러 권으로 된 스페인사를 비롯한 전세계 역사책, 디킨스 전집을 비롯한 소설책, 농업과 식물에 관한 도서, 의회토론에 관한 책 등, 모든 분야에서 가장 핵심적인 책들이 있었다. 특히 놀라운 것은 영어판 괴테의 《색채론》이었다.

삼수 끝에 육사에 합격하다

처칠은 상류층의 관습에 따라 일곱 살 때 애스콧에 있는 기숙학교에 다녔다. 시설은 최신식이었으나 운영은 봉건적이었다. 어느 날 유모가 처칠의 몸에 난 상처를 보고 이를 생모에게 알려 곧바로 남부 해안도시 브라이튼에 있는 학교로 전학을 갔다. 이곳에서는 행복한 시간을 보냈고, 영어와 역사에서 두각을 나타냈다.

일곱 살 때의 처칠

1888년, 해로(Harrow) 컬리지에 진학한 후에도 처칠은 평범한 학생이었다. 영문학과 역사 과목에서만 뛰어났다. 하지만 기억력은 비상했다. 1,200행(行)에 달하는 고대 로마시를 완벽하게 암송해 상을 받기도 했다.

처칠은 소심해 친구가 없었다. 애정결핍이 원인이었다. 어머니는 여전히 사교생활에 바빠 아들의 외로움에 관심을 갖지 않았다. 심지어는 방학 때도 집을 비우는 경우가 많았다. "제발, 제발, 제발, 제발, 제발 좀 절

어머니와 두 아들
윈스턴(오른쪽)과 잭

보러 와주세요. 오겠다고 하시고 안 오신 것이 벌써 몇 번째인지 모르겠어요." 윈스턴이 열여섯 살 때 어머니에게 쓴 편지의 일부다.

처칠은 또래에 비해 몸집이 작았다. 어느 날, 친구가 처칠에게 크리켓 공을 던지자 순간적으로 나무 뒤에 숨었다. 그는 이 사실을 두고두고 부끄럽게 여겼다. 이후 어떤 위험이 닥쳐도 다시는 피하지 않고 정면으로 맞서겠노라고 다짐했고, 용감한 청년으로 자신을 변모시켜 갔다.

해로 학교 졸업반이 되었을 때 처칠은 도저히 명문대학에 진학할 성적이 되지 않았다. 아버지는 장남을 샌드허스트 육군사관학교에 보내려 했지만 처칠은 시험에 두 번이나 낙방했다. 아버지는 아들에게 과외교사를 붙였고 1893년 세 번째 도전 끝에 육사에 합격했다. 당시는 육사 경쟁률이 높아 재수, 삼수는 특별한 일이 아니었다.

처칠은 육사 분위기가 성격에 맞았다. 생도 훈련을 받으며 그는 늠름한 청년이 되어갔다. 특히 기마술에 재능을 보였다. 랜돌프는 아들의 모습에 흡족했다. 랜돌프는 주말에 정치인을 만나러 갈 때 생도 아들을 데리고 가기를 좋아했다. 친구 집에서 부자는 맞담배를 피우며 정치 이야기를 했다. 처칠은 이렇게 아버지로부터 정치를 배웠다.

처칠은 130명의 생도 가운데 20등으로 육사를 졸업한 뒤 육군 제4경기병대에 배속되었다. 장교 급여는 연봉 120파운드. 월급으로는 말과 옷과 술값을 감당할 수 없었다. 부모의 도움을 받지 않을 수 없었다.

처칠의 운명을 바꾼 샌드허스트 육군사관학교. '애스콧 캠벌리' 기차역에서 도보로 15분쯤 걸리는 곳에 있다. 가는 길에 나는 이런 생각을 해보았다. 처칠이 만약 공부를 잘해 옥스퍼드나 케임브리지 대학을 갔더라면 영국의 역사는 어떻게 바뀌었을까.

사관학교 정문에 이르렀을 때 나는 다소 실망스러웠다. 나도 모르게 태릉의 육군사관학교 정문과 비교했던 것이다. 명성에 비해 샌드허스트 육군사관학교 정문은 너무나 소박했다. 더욱 실망스러운 것은 일반인은 학교 안으로 단 한 발짝도 들어갈 수 없다는 사실이었다. 축제와 같은 특별한 날만 일반인의 출입이 허용되었다. 나는 교정에 있을 법한 처칠 관련 기념물 사진이라도 찍고 싶었지만 아쉽게도 출입문만 보고 발길을 돌려야 했다.

아버지는 처칠이 스물한 살 때 사망했다. 이어 유모 에베레스트가 세상을 떠났다. 처칠의 출생과 유년에 연결된 두 개의 끈이 끊어져 버렸다. 그는 부모의 무책임을 고스란히 유산으로 물려받았다. 아버지는 물려받은 재산을 정치에 탕진했고, 어머니 역시 무분별한 사교생활로 많은 빚을 졌다. 그는 졸지에 몰락한 귀족의 후손이 되었다.

샌드허스트 육군사관학교 정문

초급 장교로서 품위 유지를 위해서는 연간 500파운드가 필요했다. 그는 절박했다. 좌우를 돌아보고 앞뒤를 잴 여유가 없었다. 집안의 가장이자 장교로서 그는 생존하기 위해서, 또 빚을 갚기 위해서라도 성공해야만 했다.

종군기자와 작가로 이름을 날리다

처칠은 조급했다. 하루빨리 무공(武功)을 세워야 했다. 무공은 목숨을 건 전장에서 피는 꽃이다. 때마침 쿠바에서 반(反)스페인 반란이 일어났다. 그는 스페인군과 함께 1895년 11월 초, 쿠바에 상륙했다. 스페인군에 배속되는 특혜는 당연히 어머니의 영향력 덕분이었다. 어머니는 상류층 사교가에서 염문을 뿌릴 정도로 영향력이 있었고, 아들의 성공을 위해 화려한 인맥을 가동했다.

처칠은 막사에서 적군이 쏜 총탄이 얼굴 옆으로 비켜가는 경험을 했다. 그는 보통의 군인들과 달리 전투 경험을 글로 쓸 줄 알았다. 그는 전투 경험을 시간 순서대로 다섯 통의 편지에 나눠 써서 런던의 신문사 《데일리 그래픽》에 투고했다. 군법 위반이었지만 당시 암암리에 벌어지던 일이었다. 원고 한 편당 5파운드를 받았다. 그는 쿠바에서 평생의 습관을 배워왔다. 여송연과 낮잠이었다. 그는 2차대전 중에도 낮잠을 빠뜨리지 않았다.

1896년, 처칠은 인도 남부 방갈로르에 배치되었다. 지루한 날들의 연속이었다. 그는 무료한 시간을 《로마제국 흥망사》, 《영국사》, 《나폴레옹 전기》 등을 읽으며 보냈다. 《로마제국 흥망사》의 장엄하고 긴 호흡의 문체는 작가로서의 그의 문체에 큰 영향을 끼쳤다.

1897년 4월, 인도 북서부(현재의 아프가니스탄과 파키스탄 접경 지역)

에서 파탄족이 반란을 일으켰다. 그는 진압부대 사령관을 만나 참전 기회를 부탁했고, 사령관은 그에게《데일리 텔레그래프》종군기자 역할을 겸해 달라고 요구했다. 최전선에서의 6개월 경험을 글로 써 1898년 첫 저서《말라칸드 전투부대 이야기》를 출간했다. 이 책은 대체적으로 호평을 받았다. 당시 솔즈베리 수상도 이 책에 호감을 표했다. 그는 이 책으로 2년치 연봉에 해당하는 돈을 인세로 받았다.

1897년 인도 방갈로르에서의 처칠

처칠은 군인으로 승승장구했다. 한편에서는 그를 '훈장 사냥꾼'이라고 비난하는 목소리도 커졌다. 1898년 그는 아프리카 수단 전쟁에 솔즈베리 수상의 도움으로 참전할 수 있었다. 이듬해 3월 군복을 벗었고, 7월에 랭커셔 지방 올드햄 보궐선거에 보수당 후보로 출마해 근소한 표차로 낙선했다.

전쟁은 언제나 영웅을 필요로 한다. 1899년 9월, 남아프리카에서 보어전쟁이 터졌다. 남아프리카의 네덜란드계 백인들이 영국에 대항해 전쟁을 일으킨 것이다. 처칠은《모닝 포스트》신문과 월 250파운드에 종군기자 계약을 맺고 10월 케이프타운을 향해 출발했다. 보어전쟁은 영웅을 기다리고 있었다.

케이프타운을 거쳐 더반에 도착한 처칠은 인도 체류 시절 알게 된 홀데인 대위를 만나게 된다. 그와 함께 열차를 타고 이동하던 중 보어

남아프리카에서 돌아온
보어전쟁의 영웅 처칠

인들이 열차를 습격했다. 기관차를 비롯한 앞쪽의 차량들이 탈선했지
만 중간 부분의 차량들은 멀쩡했다. 처칠은 화염이 치솟는 아비규환
속에서 기관사를 설득해 탈선한 차량들을 밀어내고 교전 지역을 벗어
나는 데 성공했다. 이후 그는 열차에 갇혀 있는 홀데인 대위를 구출하
기 위해 다시 현장으로 되돌아왔다가 보어인들에게 체포되었다. 얼마
후 구사일생으로 탈출에 성공한 그는 보어인의 수도인 프리토리아를
거쳐 더반에 도착했다. 그는 영웅 대접을 받았다.

　이를 계기로 처칠은 공식적으로 군인 겸 종군기자의 자격을 획득하
게 된다. 이후 남아프리카에 머물며 보어전쟁 관련 뉴스를 영국에 보
도할 수 있었다. 그는 남아프리카 전선에서 고국에 전쟁 기사를 보내
면서 새로운 20세기를 맞았다.

　1900년 9월, 처칠은 조국으로 돌아왔다. 처칠은 보어전쟁의 영웅이
되어 있었다. 그는 올드햄에 보수당 후보로 출마해 의원에 당선되었
다. 전쟁 영웅 겸 하원의원 처칠에게 강연 요청이 쇄도했다. 영국을 비

롯해 미국과 캐나다에서 가진 강연회에는 청중이 구름처럼 몰려들었다. 그는 강연 여행으로 1만 파운드라는 거액을 벌어들였다. 당시 의원은 세비(歲費)가 없었다. 강연료 수입은 처칠의 든든한 버팀목이 되었다. 꾸준한 강연료 수입으로 그는 자금 걱정 없이 정치를 할 수 있었을 뿐만 아니라 낭비벽이 심한, 재혼한 어머니도 부양할 수 있었다.

1901년 2월, 처칠은 하원에서 첫 연설을 했다. 파란만장한 정치 인생의 시작이었다. 그는 1922~1924년 3년간을 제외하고 63년간 의원직을 유지했다. 이 기간 동안 하원에서 한 연설만 2,000회가 넘었다. 처칠은 자신이 직접 쓴 원고를 완벽하게 외운 후 마치 대중연설을 하는 것처럼 열변을 토했다. 목욕하면서도 원고를 외웠고 산책 중에도 중얼거렸다. 그는 연설의 요점을 적어놓은 비망록을 호주머니에 넣고 하원에 참석하곤 했다.

1900년의 처칠

처칠은 말하는 것을 진정으로 즐겼다. 하원에서 열정적인 연설을 즐긴 것처럼 처칠은 사교생활에서도 다변이었다. 화제를 독점하고 혼자 말하는 스타일이었다. 보통 사람 같으면 금방 사교계에서 외면받았을 것이다. 그러나 처칠은 언제나 활력이 넘쳐 사람들이 몰려들었다. 사교계 여성들도 처칠에 관심을 보였지만 그는 단 한 번도 다른 여성과 부적절한 관계를 맺은 적이 없다. 영웅호색이라고 했는데, 처칠은 예외였다. 아버지의 비참한 죽음의 원인이 여자 때문이었고, 이것이 여자를 멀리 해야 한다는 무의식으로 작용했기 때문이다.

1903년 5월, 체임벌린 수상이 영국의 전통인 자유무역을 포기하고 보호무역 정책을 천명하면서 영국 정국은 소용돌이에 휩싸였다. 보수당은 보호무역에 대한 찬반으로 심각한 분열 양상을 보였다. 처칠은 자유무역 고수를 주장하며 지도부에 반발했다. 1904년 5월, 결국 그는 보수당을 탈당해 자유당으로 당적을 옮겼다. 이후 자유무역을 옹호하는 강연활동을 펼쳤다. 1906년 1월 총선에서는 변절자라는 공격에도 불구하고 맨체스터 지역구에서 당선되었다.

이 무렵 처칠은 아버지의 전기를 쓰기로 결심했다. 그는 블렌엄 궁전의 문서고를 드나들며 자료를 수집했다. 또한 아버지의 동시대 정치인들로부터 증언을 채록했다. 전기《랜돌프 처칠 경》은 아버지의 정치 인생을 긍정적으로 그렸다. 아들은 '토리민주주의'로 대변되는 아버지의 진보적인 측면을 부각시켰지만 아버지의 죽음에 얽힌 이야기, 즉 매독 후유증에 대해서는 한 마디도 언급하지 않았다. 《랜돌프 처칠 경》은 아들에게 또다시 돈과 명성을 안겨주었다. 자유당 소속으로 그가 승승장구할수록 보수당 의원들은 그를 "블렌엄의 쥐"라고 비난했다.

인생의 동반자를 만나다

1908년 4월, 처칠은 불과 서른세 살에 무역위원회 의장이 되었다. 의장 임명 직전, 그는 스물세 살의 클레멘타인 호지어와 재회했다. 호지어는 귀족 집안 출신으로 열렬한 자유당 지지자였다.

처칠이 호지어를 처음 만난 것은 1904년이었다. 열아홉 살의 순박한 처녀는 4년이 흐른 뒤 성숙한 여인으로 변해 있었다. 처칠은 호지어에게 사랑을 느꼈지만 호지어는 애써 모른 척했다. 1908년 8월 어느 날, 호지어의 하숙집에 불이 났다. 처칠은 집안으로 뛰어들어가 호지

어가 아끼는 조각상을 꺼내왔다. 얼마 뒤에 하숙집이 무너져 내렸다. 호지어는 처칠의 용감한 행동에 감동했다. 처칠은 당장 머물 곳이 없어진 호지어에게 블렌엄 궁전에서 지내도록 배려했다. 그러던 어느 날, 두 사람은 블렌엄 궁전 정원을 산책하다가 비를 만나 비를 긋기 위해 정자에 들어갔다. 처칠은 장대비가 쏟아지는 낭만적인 순간을 놓치지 않고 청혼했다.

두 사람의 결혼식은 9월 12일 웨스트민스터의 세인트 마거리트 교회에서 거행되었다. 장래가 밝은 명문가 출신의 의원과 역시 명문가 출신의 호지어의 결혼! 초대받은 하객이 1,400명에 이르렀고 웨스트민스터 사원 앞 광장은 구경꾼들로 혼잡했다. 왕실 혼사를 제외하고 런던을 떠들썩하게 만든 결혼식이었다.

세인트 마거리트 교회는 찾아가기 쉽다. 지하철 서클라인 웨스트민스터 역에서 내려 웨스트민스터 사원 쪽으로 가면 된다. 팔리아멘트 광장과 길 하나를 사이에 두고 있다. 교회는 아담하고 소박하다. 바로 옆에 있는 고딕식 웨스트민스터 사원이 워낙 웅장하고 고색창연한 위

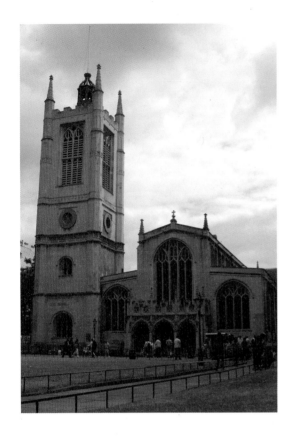

처칠이 결혼한
웨스트민스터의 세인트
마거리트 교회

엄을 풍기고 있어 더욱 그런 느낌을
준다.

세인트 마거리트 교회가 유명해진
것은 처칠이 이곳에서 결혼했기 때문
이다. 사실 이런 규모의 교회는 영국
전역에 헤아릴 수 없이 많다. 교회로
들어서면서 나는 교회 내부 어딘가에
틀림없이 처칠의 결혼과 관련된 증표
가 있을 것으로 확신했다. 교회 관계
자에게 물었더니 친절하게 알려준
다. 역시 예상은 틀리지 않았다. 교회
사무실 앞에 역사적인 사건들의 사진
과 자료를 전시하고 있었다. 처칠의
결혼은 당시 최고의 뉴스여서 9월 13
일자 《더 데일리 미러》와 《데일리 그
래픽》은 두 사람의 결혼을 1면 기사
로 다루고 있다. 결혼증명서도 보였다.

처칠은 1945년 5월 8일 이 교회에서 예배를 드렸다. 5월 8일? 그렇
다. 독일이 패망한 다음날이다. 그는 하원의원들을 이끌고 이곳에서
감사예배를 올렸다. 20세기 영웅이 결혼식을 올렸고, 그 영웅이 영국
을 구한 후 감사기도를 올린 장소. 교회 입장에서 보면, 이보다 더 영
광스러운 역사가 또 있을까. 교회는 2008년 9월 12일에 처칠의 결혼
100주년 특별전시회를 열기도 했다.

베니스 신혼여행에서 돌아온 신혼부부는 빅토리아 역 근처 에클레
스톤 광장 옆에 집을 빌렸다. 그는 방 두 개를 자신의 서재 겸 응접실

로 사용했다. 부부는 각계각층의 인 사들을 집으로 초대했고, 여야를 가 리지 않고 정치인들을 만났다. 처칠 은 지독한 일중독자였지만 두 사람은 천생연분처럼 금슬이 좋았다.

처칠의 결혼을 알리는 신문기사

에클레스톤 광장은 빅토리아 역 에서 도보로 7~8분 거리에 있다. 에 클레스톤 광장은 개인 소유라는 이 유로 일반에 공개하지 않는다. 광장 모퉁이를 돌아서자 34번지 타운 하우스가 보인다. 처칠이 1909~1913년에 살았다는 블루 플라크가 붙어 있었다.

신혼 생활과 관련된 유명한 한 장면. 신혼 초 호지어는 남편에게 퍼 그(pug, 발바리의 일종)라는 애칭을 붙였고, 처칠은 아내를 카트(Kat)라 고 불렀다. 지체 높고 위엄 있는 하원의원은 퇴근해 현관문을 열고 집 안으로 들어서는 순간부터 체면의 갑옷을 벗어던졌다. 남편은 카펫이 깔린 계단을 발바리처럼 기어오르며 "멍멍" 하고 개 짖는 소리를 냈 고, 아내 역시 센스 있게 "야옹" 하고 화답했다.

귀족 출신의 하원의원이 불독의 일종인 발바리 흉내를 내며 집으로 들어가는 모습을 상상해 보라. 얼마나 유쾌하고 자유분방한 모습인 가. 처칠은 이렇게 유머가 넘치고 재미있는 사람이었다. 처칠 부부는 자녀를 다섯 명 두었다. 처칠은 자신의 결혼생활을 가리켜 "결혼했고, 이후 영원토록 행복하게 살았다"고 썼다. 마치 《백설공주》의 마지막 문장처럼.

처칠의 정치 인생은 막힘이 없었다. 1910년 4월 서른다섯의 나이에 내무장관이 되었다. 공식 서열로는 수상 다음 자리였다. 그는 여성 문

처칠의 신혼집

제를 제외하고 모든 면에서 진보적 정책들을 추진해 높은 지지를 얻었다. 예컨대 광산법을 개정해 14세 미만의 청소년들은 갱도에서 일할 수 없게 했다.

여성참정권에 대해서는 대단히 보수적이었다. 그는 여성을 정치적 파트너로 인정하지 않았다. 1910년 11월, 국회의사당 앞에서 시위 중이던 여성 시위대를 경찰이 과잉 진압하는 사건이 발생했다. 비난의 화살이 내무장관에 쏟아졌고, 결국 장관에서 해임되었다.

처칠의 집에는 항상 정치인들이 끊이지 않았다. 호지어는 이를 귀찮아하지 않았다. 처칠은 브랜디를 마시고 시가를 피우면서 주로 정치 이야기를 했다. 손님이 쉴 없이 드나들고 집에 위스키병이 넘쳐나는 분위기는 자녀 교육에는 결코 바람직한 환경이 아니었다. 아이들은 대부분 아버지의 기대에 부응하지 못했다. 딸 한 명을 제외하고는 모두 불행한 인생을 살았다. 성공한 정치가 아버지를 둔 집안의 자녀들의 삶이 성공적이지 못한 경우가 많다는 사실을 우리는 처칠 집안에서도 확인할 수 있다.

처칠은 누구보다 정력적인 야심가였지만 여성에 대해서는 야욕이 없었다. 처칠 부부는 완벽하게 상호보완적이었다. 처칠은 감정의 기복이 심하고 지독히 자기중심적인 사람이었다. 호지어는 처칠의 잘못을 차분하게 편지로 지적할 줄 아는 지혜로운 여자였다. 남편을 기분 나쁘지 않게 편지로 나무라는 방법은 그가 수상이 된 후에도 변하지 않았다. 남의 말을 잘 듣지 않는 처칠도 아내 말은 들었다.

정치 생명의 위기

1차대전 초반까지 처칠에게는 계속 행운이 따랐다. 문제는 지중해의 전황이었다. 독일의 동맹국인 터키가 흑해 항구들을 봉쇄하며 이집트에 대한 위협을 가중시켰다. 흑해 항구 봉쇄는 러시아 육군의 보급로가 차단되는 것을 의미했고, 이집트의 함락은 수에즈 운하를 빼앗기는 것을 뜻했다.

처칠은 다르다넬스 해협을 공격하는 아이디어를 생각해 냈다. 작전이 성공한다면 터키의 수도인 콘스탄티노플(이스탄불)을 직접 타격해 항복을 받아낼 수 있을 것으로 처칠은 판단했다. 계획상으로는 그럴 1912년의 처칠

듯했다. 처칠은 해군 단독으로 해협을 확보할 수 있다고 호언장담했다. 1915년 2월, 다르다넬스 해협으로 함대가 파견되었다. 그러나 연합군의 작전은 연거푸 실패했다. 그해 12월 연합군은 무려 25만 명의 사상자를 낸 채 퇴각했다. 처칠의 별명 중 하나인 '전쟁광'은 이때 생겼다.

자유당 정권은 최대 위기를 맞았다. 위기 타개책으로 보수당과의 연대론이 나왔다. 칼자루는 보수당이 쥐고 있었다. 보수당은 '배신자 처칠'의 목을 날리면 연대하겠다는 조건을 내걸었고, 결국 처칠은 1916년 5월, 장관직에서 해임되었다.

처칠의 정치 생명이 끝났다는 말이 런던 정가에서 나돌았다. 실의의 6개월을 보낸 처칠은 백의종군을 선택했다. 1916년 11월, 그는 프랑스 전선으로 떠났다. 장관을 지낸 현직 의원이 최전선 참호전에 몸을 던진 것이다. 그는 호방한 성격으로 일선 부대에 활력을 불어넣었고 부하들의 지지를 얻었다. 하지만 전선 복무는 6개월이 지나자 지루해졌고, 1917년 5월 런던으로 돌아왔다.

처칠은 기회를 노렸지만 입각 기회는 오지 않았다. 마침내 로이드 조지 수상은 처칠을 불러들였다. 보수당을 의식해 국무회의에 참석 자격이 없는 군수장관을 맡겼다. 노동자들을 독려해 빠른 시간 안에 더 많은 군수물자를 생산하게 하는 것이 군수장관의 임무였다. 그는 프랑스 전선을 찾아가 육군의 애로사항을 현장에서 직접 들었다. 전투기를 타고 전선을 시찰하다 바다에 추락할 뻔한 일도 있었다. 그의 감투정신은 입소문으로 퍼졌다. 독일은 1918년 11월 11일 항복하고 말았다.

1920년대 초반 처칠에게 잇따라 시련이 찾아왔다. 1922년, 총선 기간 중 급성맹장염이 발생해 선거에 낙선하고 만다. 1923년 11월에는 소집된 총선에서 자유당 후보로 출마했으나 또다시 낙선했다. 최초로 노동당이 자유당과 연립 내각을 구성했다.

이 시기에 뜻밖의 행운이 찾아왔다. 아일랜드에 사는 먼 친척이 그에게 막대한 유산을 남긴 것이다. 그는 유산 중 5,000파운드로 켄트 주 웨스터햄 근교에 있는 차트웰 영지를 사들였다. 그는 1만 8,000파운드를 들여 집을 짓고 정원에 연못, 폭포 등을 만들었고, 1924년에 차트웰로 완전히 이사했다.

1924년 3월, 처칠은 보궐선거에 '입헌주의자' 후보로 나섰으나 또다시 보수당 후보에 근소한 표차로 패배했다. 선거에서 세 번 연속 패

배하면 대부분의 정치인은 그 충격에서 헤어나지 못한다.

이번에는 행운의 여신이 처칠의 손을 들어주었다. 최초의 노동당 정권은 1년을 견디지 못했다. 노동당 정권이 무너져 총선이 소집되자 처칠은 지역구를 바꿔 '입헌주의자'로 나섰고, 보수당 후보가 출마하지 않은 상태에서 수월하게 당선되었다. 자유당은 계파 갈등이 극심해 지지를 잃어가고 있었다. 처칠은 보수당으로 당적을 옮겼다.

볼드윈 수상은 그에게 재무성장관을 제안했다. 재무성장관은 선친 랜돌프가 맡았던 자리였다. 1925년 4월, 해군 예산 삭감과 연금 지급 연령을 70세에서 65세로 하향 조정하는 조치 등을 발표했다. 총파업이 일어났다. 처칠은 노동자들의 파업 양상을 관찰하면서 본능적으로 저류에 흐르는 볼셰비키의 냄새를 맡았다. 총파업은 열흘 만에 끝났지만 처칠은 잇따른 강경 발언으로 '노동계급의 적'으로 낙인

찍혔다. 1929년 5월, 노동당이 재집권하면서 처칠은 장관직에서 물러났다.

그림 그리기에서 글쓰기까지

폴로, 골프, 도박, 여우 사냥, 벽돌 쌓기, 그림 그리기. 처칠이 일생 동안 즐긴 취미였다. 처칠은 이 중에서 그림 그리기를 가장 좋아했다. 그가 붓을 처음 잡은 것은 해군성장관이던 1915년. 다르다넬스 사태로 스트레스에 시달리던 시절 그는 처제의 권유로 그림을 그리게 되었

폴로 복장을 한 처칠

다. 한번 붓을 잡자 그림의 바다에 풍덩 빠졌다. 파나마 모자를 쓰고 시가를 문 채 붓을 잡으면 몇 시간씩 한 마디 말도 없이 그리기에 몰두했다. 다변의 처칠에게 함묵(緘默)의 희열을 알게 해준 것이 그림이었다. 풍경화를 좋아해 여행을 갈 때면 반드시 화구를 챙겼다. 그는 자주 지중해의 찬란한 태양을 캔버스에 옮겼다. 그의 풍경화들은 아마추어로서는 수준급이었다.

2차대전이 한창이던 1943년 처칠은 모로코의 카사블랑카에서 루스벨트와 회동을 가졌다. 카사블랑카로 갈 때도 화구를 챙겨갔다. 회동이 끝난 후 루스벨트를 '사하라의 파리'로

불리는 마라케시로 안내했다. 처칠은 마라케시를 배경으로 풍경화를
그려 루스벨트에게 선물했다.

　작가는 정치가 처칠의 또 다른 직업이었다. 의회를 떠나 있던 1922
년, 처칠은 자신이 겪은 1차 세계대전에 관한 4권짜리 《세계의 위기》
를 집필하기 시작해 1929년에 마지막 권을 완성했다. 《세계의 위기》는
권력의 비화를 실명으로 공개해 독자들의 인기를 끌었다. 출판사는
《세계의 위기》 제1권의 인세로 무려 33퍼센트를 처칠에게 지급했다.

　장관직에서 물러나 있던 1930년대에 처칠은 사실상 전업작가가 되
었다. 처칠의 저술 중 주목할 것은 《영어 사용 민족들의 역사》이다. 처
칠은 이 책을 집필하면서 2만 파운드라는 선인세를 받았다.

　처칠이 이 책을 집필한 실제 목적은 돈이었다. 그는 1929년의 주식
대폭락 직전에 주식에 투자했다. 또한 사고뭉치 장남 랜돌프가 부모
의 사교생활을 흉내내 무분별한 생활을 하자 돈이 필요했다. 물론 대
외적인 명분은 미국과의 연대 강화였다. 2차대전 이후에는 6권짜리

《제2차 세계대전사》를 집필했다. 이 책은 2차대전을 평가하는 1차 자료로 평가받는다.

어떻게 한 인간이 정치를 하면서 이렇게 방대한 저술 작업을 동시에 진행할 수 있을까. 알려진 이야기지만 처칠은 자료조사 전담 비서를 고용했다. 비서가 정리, 분류한 자료를 그가 검토한 뒤에 구상을 하고 비서에게 구술했다. 이렇게 만들어진 초고를 관계자들에게 보내 검증과 함께 촌평을 부탁해 이를 초고에 반영했다. 중요한 부분에서는 자신이 직접 문체를 다듬어 자신만의 분위기가 나도록 했다. 화려한 수사, 웅장한 스케일, 과장된 표현 등은 처칠이 직접 손을 댄 것이다. 1953년 처칠은 노벨문학상을 받았다.

히틀러에 대한 경고

1929년 인도 자치안이 채택되었다. 인도인의 시민불복종운동이 마침내 결실을 맺은 것이다. 처칠은 이를 맹렬히 비판했다. 그는 또 간디를 겨냥해 "수도승 행세를 하며 총독 관저를 반라 차림으로 활보하고 다니는 템플 법학원 출신의 선동적인 변호사", "사악하고 악의적인 브라만" 등으로 공격했다. 영국에서 처칠의 인기는 치솟았다. 인도 문제와 간디에 대한 처칠의 인식은 분명히 시대착오적인 것이었다. 인도 자치안은 처칠의 반대에도 불구하고 의회를 통과했다.

1933년 독일에서 히틀러가 집권했다. 처칠은 히틀러가 비밀리에 재무장을 시작했고 곧 전쟁을 일으킬 것이라고 경고했다. 하지만 여론은 두 가지 이유로 처칠의 경고에 귀를 기울이지 않았다. 하나는 다르다넬스 해협 전투와 인도 자치안에 대한 그의 명백한 오판이 대중의 뇌리에 선명하게 남아 있었기 때문이었다. 처칠은 트로이의 예언자

1945년 히틀러의
벙커를 방문한 처칠

카산드라 취급을 받았다. 다른 하나는 10여 년 만에 또다시 전쟁 이야기를 하는 것에 대한 영국 국민의 본능적인 거부반응이었다. 평화운동이 대중의 지지를 받았다.

1936년 7월, 스페인 내전이 발발했다. 처칠은 이미 공화국 내에 침투해 있는 공산주의자들의 실체를 꿰뚫고 있었다. 처칠은 프랑코 파시스트 세력이 공화국 내의 공산주의자들보다는 훨씬 덜 사악하다고 판단해 침묵했다. 이런 입장은 좌익들에게 공격의 빌미를 제공했다. 처칠은 모든 정치 세력으로부터 외면당했다.

1938년 들어 히틀러는 마각을 드러냈다. 히틀러는 1938년 3월 오스트리아를 병합했고, 이어 독일 국경과 인접해 있는 체코슬로바키아의 슈데텐란트를 양도하라고 압박했다. 그곳에 사는 독일인들이 체코 정부에 의해 핍박을 받고 있다는 것이 명분이었다.

1938년 9월 영국, 프랑스, 독일, 이탈리아 4개국 정상이 뮌헨에 모여 슈데텐란트를 독일에 양도하는 협정에 서명했다. 이른바 뮌헨협정이다. 4대 강국은 슈데텐란트를 독일에 넘겨주는 대신 히틀러로부터 '평화를 보장한다'는 문서를 받았다. 유화론자 체임벌린 수상은 국민과 의회로부터 '평화를 가져온 영웅'으로 칭송을 받았다.

처칠은 히틀러가 권력을 잡기 전부터 히틀러를 주목했고 그의 마음을 꿰뚫고 있었기에 이 양보가 어떤 결과를 초래할지 정확히 예견하고 있었다. 처칠은 평화가 왔다며 환호하는 영국에 대해 울분을 토했다. "우리는 완전히 패배했습니다. 우리는 싸워보지도 않고 패배했으며, 그것은 긴 여정에 있는 우리를 두고두고 괴롭힐 것입니다. 이것이 끝이라고 생각하지 마십시오."

1939년 3월 히틀러는 체코를 병합했고, 그해 9월에는 폴란드를 침공했다. 2차 세계대전의 시작이었다. 영국의 희망과 기대는 포말처럼 부서졌다. 체임벌린은 허겁지겁 처칠을 해군성장관으로 불러들였다.

"우리의 목표는 오직 승리"

영국은 1940년 연합군이 노르웨이에서 독일에 패하자 위기감에 휩싸였다. 체임벌린은 더 이상 수상 자리에 앉아 있을 수가 없었다. 수상직은 처칠에게 돌아갔다. 처칠은 5월 13일 의회에 나가 저 유명한 연설을 하게 된다.

"내가 드릴 것이라고는 피와 노력과 눈물과 땀뿐입니다. 여러분이 우리의 정책은 무엇이냐고 묻는다면, 나는 우리가 가진 모든 능력을 다해 신이 우리에게 내린 모든 힘을 발휘하여 바다와 육지와 하늘에서 전쟁을 수행하는 것이라고 답할 것입니다. 어둡고 통탄스러운 인간의 죄악에 지나지 않는 가공할 폭정에 맞서 전쟁을 벌이는 것이라고 답할 것입니다. 여러분이 우리의 목표가 무엇이냐고 묻는다면, 나의 답변은 오직 하나입니다. 바로 승리입니다. 승리 없이는 생존할 수 없기에, 그 대가가 무엇이든 나의 답변은 승리이며, 그 어떤 공포가 닥친다 해도 승리이며, 얼마나 많은 시간이 걸리든, 그 길이 얼마나 험난하든 간에 승리가 답이 될 것입니다."

독일의 기세는 하늘을 찔렀다. 6월 25일 독일군은 마침내 프랑스 파리를 점령했다. 이어 프랑스 중부의 도시 비시(Vichy)에 괴뢰정부를 세웠다. 비시 정부(1940~1944년)의 탄생. 독일은 마침내 노르웨이에서 프랑스까지 대서양 해안을 장악했다. 잠수함과 전폭기로 영국을 공격할 수 있는 만반의 준비를 갖추었다. 영국은 제공권에서도 독일을 막기에는 역부족이었다. 독일은 육군에서도 영국을 압도했다.

외형적인 조건은 영국이 패배할 가능성이 높았다. 하지만 처칠은 처칠의 브이(V) 사인 낙관적으로 미래를 전망했다. 그의 유머감각은 위기상황에 빛났다. 영국인은 어느새 처칠이 여송연을 입에 문 채 오른손으로 브이(V) 사인을 하는 장면을 기다렸다. 영국인은 라디오방송에 처칠이 나오기만을 고대했다. 6월 18일 처칠은 이렇게 연설했다.

"프랑스의 전쟁은 끝났습니다. 이제 영국의 전쟁이 시작되려 합니다. 그러므로 우리는 우리의 임무에 매진함으로써, 천년이 흐른 뒤에도 대영제국과 그 연방의 국민들이 '이 순간이 그들에게는 절정의 순간이었다'고 얘기할 수 있도록 합시다."

독일은 런던 대공습을 시작했다. 사회간접자본을 붕괴시켜 영국인의 사기를 꺾고 항복을 받아내겠다는 계산이었다. 하지만 영국인에게는 낙천적이고 유머감각 있고 통찰력 있는 지도자가 있었다. 또한 영국은 런던 대공습 직전 개발한 레이더망 덕분에 인명 피해를 최소화했다. 레이더망에 독일 폭격기의 출동이 잡히면 런던 시내는 사이렌이 울렸고, 그럴 때마다 시민들은 방공호로 몸을 숨겼다. 그 중 런던 지하철은 방공호로 최적의 장소였다. 런던 대공습 장면은 2차 세계대전을 소재로 한 여러 영화에 등장한다.

처칠은 전시내각(Cabinet War Rooms)을 지키기 위해 하원을 낮에 열었다. 그는 전시 일상에 금방 적응했다. 새벽녘까지 업무를 챙긴 뒤 아침 늦게 일어났다. 오전 중에 샴페인을 마셨고 점심을 먹고 난 뒤에는 반드시 낮잠을 즐겼다. 전시내각에서 합참의장을 지낸 앨런 브룩 장군은 처칠에 대해 이렇게 회고했다. "길들여지지 않은 천재, 끝없는 정열, 집요한 의지, 패배를 인정하지 않는 낙관주의, 심오한 유머감각, 존경심과 충성심과 애정을 불러일으키는 데 초인적인 능력을 가진 사람이었다."

런던 대공습 동안 영국을 지킨 전시내각으로 가보자. 전시내각은 킹 찰스 가(街)에 면해 있는 정부청사로 '처칠 박물관'으로 불린다. 또한 지하 벙커에 있었기 때문에 모든 것이 2차 세계대전 때 그대로다.

박물관 입구의 현판은 매우 심플하다. 가파른 계단을 내려가면서 비로소 지하 벙커임을 실감했다. 지하 1층에서 입장권을 사야만 20세기 악마 히틀러와 맞섰던 영국 지휘부의 체취를 느낄 수 있다.

이 지하 벙커를 사용한 수상은 처칠 혼자가 아니었다. 전임 수상 체임벌린도 있다. 그러나 영국 정부는 '처칠 박물관'으로 명명했다. 지

처칠의 워룸

하 벙커에는 처칠 외에도 중요 부처 장관들과 군 지휘관들이 생활했다. 상황실의 다이얼식 전화기, 빛바랜 서류철, 상황판, 지도 등이 박제된 채 절체절명의 순간을 증언하고 있다.

처칠의 집무실과 침실을 들여다보자. 책상과 침대가 보인다. 눈을 감은 채 상상해 본다. '한 남자가 침대에서 일어났다. 잠옷의 두 번째 단추가 풀어져 있고, 그 사이로 불룩한 뱃살이 보인다. 식탁으로 가서 글라스에 샴페인을 가득 따랐다. 너무나 여유만만한 표정이다.' 이 모습만 보면 누가 영국이 누란(累卵)의 위기에 놓여 있다고 생각하겠는가.

처칠이 전시상황에서도 늘 평상심을 유지하고 여유를 가졌다는 것은 대단히 중요한 사실을 시사한다. 최종적인 결정을 내리는 국가 지도자에게 정서적 안정은 곧 국가의 운명과 직결된다. 냉철한 판단은 평정심의 상태에서만 가능하고, 이는 정서적 여유에서 찾아온다. 지도자가 조급해 할수록 판단을 그르칠 위험이 그만큼 커진다. 영국의 운명, 더 나아가 연합군을 승리로 이끄는 전략적 판단은 처칠의 정신적 여유와 균형감각에서 나왔다.

영국을 구한 영웅

처칠은 시간이 흐를수록 영국의 군사력만으로는 독일을 패퇴시킬 수 없다는 사실을 깨달았다. 군비(軍費)는 바닥나기 일보 직전이었다. 처칠은 미국의 루스벨트 대통령에게 지원을 요청했다. 미국 법률은 무기는 반드시 현금을 받고 수출할 수 있게 되어 있었다. 루스벨트 대통령은 1941년 3월 임대·차용에 관한 법안을 의회에서 통과시켰다. 이로써 무기 수출에 관한 신용을 영국에 제공하는 길이 열렸다. 미국의 2차 세계대전 특수가 시작되었다.

6월 22일, 히틀러는 불가침협정을 맺은 소련을 침공했다. 독일은 우크라이나를 유린했고 모스크바를 위협하는 지경에까지 이르렀다. 유럽과 아프리카와 지중해의 전황은 갈수록 영국에 불리해 갔다. 8월, 처칠은 미국으로 건너가 루스벨트에게 참전을 설득했지만 소용이 없었다.

미국의 참전은 전혀 예상치 못한 사건으로 격발되었다. 일본이 하와이 진주만을 공습하면서 미국은 자동적으로 2차 세계대전에 뛰어들 수밖에 없었다. 영국은 미국·소련과 함께 3강 연합군을 구성했다. 처칠은 미국·소련과 연합군으로 전쟁을 치르면서 영국이 더 이상 예전의 강대국이 아니라는 사실을 뼈저리게 깨달았다.

미국이 참전했지만 전세는 쉽게 바뀌지 않았다. 연합군은 제해권에서 독일에 밀리고 있었다. '대서양의 늑대'로 불린 독일 U보트의 위력 앞에 연합군은 속수무책이었다. 1941년 U보트에 의해 선박 400만 톤

이 대서양에 침몰했다. U보트의 기세는 1942년 전반기까지 계속되었다. 영국은 비밀리에 U보트의 비밀암호체계 이니그마(Enigma)를 해독하는 데 전력을 기울였고, 1942년 12월 마침내 U보트의 암호 해독에 성공했다.

아프리카 전선에서도 모처럼 승전보가 날아왔다. 8군단장 몽고메리가 이탈리아의 롬멜을 패퇴시키며 튀니지까지 진격했다. 2차 세계대전 시작 이래 육상에서 거둔 최대의 승리였다. 참전 이래 한 번도 울리지 않았던 교회 종이 일제히 울렸다. 처칠은 성급한 낙관론을 경계하며 이렇게 연설했다. "이것이 끝이 아니며, 끝의 시작도 아닙니다. 하지만 어쩌면 시작의 끝일 수는 있습니다."

1944년 6월 6일 연합군의 노르망디 상륙작전이 성공했고, 6일 뒤 처칠은 노르망디 해변을 방문했다. 그 여세를 몰아 연합군은 파리를 해방시켰다. 독일의 패전은 시간 문제였다. 처칠은 확실해져 가는 독일의 패전에 기뻐할 수만은 없었다. 소련의 영향력이 동부 유럽은 물

얄타회담. 왼쪽부터
처칠, 루스벨트, 스탈린

2차대전 '승전의 날'의
신문기사들

론 중부 유럽까지 커져가고 있는 현실을 우려했
다. 1945년 2월 처칠, 루스벨트, 스탈린 3인이
크리미아 반도의 얄타에 모였다. 역사책에 나
오는 얄타회담이다.

독일 베를린에 가장 먼저 들어온 군은 러시
아의 붉은군대였다. 독일은 1945년 5월 7일 무
조건 항복을 선언했다. 5월 7일은 유럽 승전일
이 되었다. 런던 중심가는 승리를 환호하는 시
민들로 인산인해를 이뤘다. 시민들은 관청가인
화이트홀로 몰려들었다.

화이트홀은 국회의사당과 웨스트민스터 사
원에서 트라팔가 광장에 이르는 길을 말한다.
도로 양옆에는 재무부, 외교부, 다우닝가, 국방부, 해군성 등이 몰려
있다. 처칠은 국왕과 왕실 가족과 함께 화이트홀 궁전 발코니에 섰다.
처칠과 국왕은 화이트홀 거리에 운집한 시민들을 향해 손을 흔들었
다. 수만의 시민들이 처칠을 연호하며 거대한 물결이 되어 트라팔가
광장으로 집결했다. 트라팔가 광장에서 처칠은 영국을 구한 영웅으로
추앙받았다.

1946년 초 처칠은 트루만 대통령의 초청을 받아 미국을 방문했다.
처칠은 워싱턴의 미국 의회를 방문해 소련 공산주의의 위험에 대해 경
고하는, 저 유명한 철의 장막 연설을 한다. "발트 해의 스테틴에서 아
드리아 해의 트리에스테까지 대륙을 가로지르는 철의 장막이 드리워
졌습니다. 그 장막 뒤 거의 모든 지역에서 경찰국가가 활개치고 있습
니다."

그러나 미국의 여론 주도층은 처칠의 경고를 귀담아 듣지 않았다.

1948년 2월, 민주공화국 체코슬로바키아가 공산화되면서 처칠이 예언한 철의 장막은 중부 유럽에서 현실화되었다. 본격적으로 서부 유럽 통합론이 대두하기 시작했다. 1949년 4월, 나토(북대서양 조약기구)가 설립되어 미국과 영국과 서유럽이 하나의 군사적 방어체계 속에 들어갔다.

처칠은 틈틈이 《제2차 세계대전사》를 썼고, 이 책의 성공으로 또다시 큰 돈을 벌었다. 처칠은 켄싱턴 가든 바로 옆에 있는 고급 주택가 '하이드 파크 게이트'에 집을 두 채 매입했다. 1949년에는 가벼운 심장마비 증세를 겪었지만 금방 회복했다. 이후 처칠은 죽음에 대해 자주 언급했다. "단

웨스트민스터 사원 건너편, 팔리아멘트 광장에 있는 처칠 동상의 뒷모습

도로 공격받았지만, 이번에는 깊숙이 찔러넣지 못했다. (……) 나는 반드시 창조주를 만날 준비가 되어 있다. 창조주께서 나와 대면하는 호된 시련을 겪을 준비가 되어 있는지는 모르겠지만."

영웅의 평범한 묘지

처칠은 눈에 띄게 쇠약해지고 있었다. 심장마비가 연이어 찾아왔다. 귀도 점점 들리지 않아 정치활동을 하기도 힘들었다. 처칠은 젊은 날 좋아했던 눈부신 태양을 찾아 마라케시를 여행했다. 그리스의 선

박왕 오나시스 같은 친구를 사귀기도 했지만 처칠의 고독을 채워주지는 못했다. 그럼에도 식욕은 왕성했고 여전히 코냑과 여송연을 즐겼다.

처칠이 여생의 마지막 시간을 보내다 눈을 감은 곳은 하이드파크 게이트이다. 내가 갖고 있는 자료에는 번지수가 나오지 않았다. 하이드파크 게이트 22번지는 버지니아 울프가 태어나 성장한 곳. 버지니아 울프 생가를 보기 위해 하이드파크 게이트를 처음 찾아갔을 때 나는 처칠이 살던 집을 발견하지 못했다. 아마도 22번지만 찾느라 다른 집은 보이지 않았는지도 모른다.

다시 '하이드파크 게이트'를 찾아보기로 했다. 길의 거의 끝부분에 이르렀을 때 오른쪽 28번지 집에 블루 플라크가 붙어 있었다. 처칠이었다. "Sir Winston Churchill, Prime Minister, lived and died here."

놀랍게도 처칠이 눈을 감은 집은 버지니아 울프가 세상 빛을 본 집과 마주보고 있었다. 처칠이 이곳에 이사했을 때 버지니아는 이미 이 세상 사람이 아니었다.

하이드파크 게이트 28번지는 조용하고 쾌적했지만 국회의사당에서 멀다는 점이 흠이었다. 처칠은 여전히 현역 의원이었기에 정치인들을 만나야 했다. 그래서 국회의사당과 가까운 사보이 호텔에 스위트룸을 렌트해 사람을 만나는 장소로 사용했다. 처칠은 이 방에서 의원들을 만났고, 낮잠을 즐겼다.

하이드파크 게이트 28번지는 런던을 찾는 세계 명사들이 반드시 들르는 명소였다. 영국을 방문한 국빈들은 비공식 일정으로 반드시 28번지를 찾았다. 처칠은 외국 국빈이 올 때마다 프록코트를 입고 영접하곤 했다. 1964년에는 프랑스의 드골 대통령 부부가 28번지를 찾아왔다.

1964년 11월 30일, 처칠은 90세 생일을 맞았고, 자택에는 7만여 통의 생일축하 카드가 도착했다. 며칠 후 그에게 또다시 심장마비 증세가 나타났다. 처칠이 위독하다는 소식이 알려지자 하이드파크 게이트로 시민들이 몰려들었다. 시민들은 처칠의 애칭인 '위니'를 외치며 애원했다. 한 번만 얼굴을 보여달라고.

1964년 12월 어느 날 아침, 1층 창문의 커튼이 열렸다. 처칠이 서 있었다. 프록코트 차림으로 아내의 부축을 받으며 목발에 의지한 모습이었다. 처칠은 여송연도 물지 않았고 승리의 '브이 사인'도 하지 않았다. 처칠은 채 1분도 서 있지 못했다. 그는 영국인들에게 마지막 예를 표하고 싶었던 것이다. 다시 커튼이 드리워졌다. 그 뒤로 처칠은 태어난 심연으로 되돌아가는 성스러운 여정을 준비했고, 아내와 딸이 임종하는 가운데 1965년 1월 24일 먼 여행을 떠났다.

처칠이 숨진 집

처칠의 장례식은 1852년 웰링턴 공작 이후 처음으로 국장으로 치러졌다. 블렌엄 궁전에서 베어온 참나무로 만들어진 그의 관은 3일 동안 국회의사당 내 웨스트민스터 홀에 안치되었다. 웨스트민스터 홀은 런던 대공습 때 피해를 입지 않은 11세기 건축물. 23시간 동안 매시간 4,000명이 처칠의 관에 묵도했다. 장례식은 1월 30일 '시티' 안에 있는 세인트 폴 교회에서 치러졌다. 세인트 폴

마지막으로 모습을
드러낸 처칠

교회에서는 지금도 국가적인 중요한 의식이 열린다. 1981년 찰스 왕
세자와 다이애나가 결혼식을 올린 곳이기도 하다.

처칠의 마지막 모습을 보기 위해 32만 명이 거리를 메웠고, 조기가
게양되었다. 처칠의 시신은 단정(單艇)과 증기기관차에 실려 블렌엄
근처 블래든으로 옮겨져 가족묘에 안장되었다.

모든 인간은 죽음 앞에서 평등하다. 처칠의 묘지를 가본 후 나는 이
말을 뼈저리게 실감했다. 처칠이 태어난 블렌엄 궁전을 보러 왔다면
그가 잠들어 있는 묘지도 찾아볼 것을 권한다. 태어난 곳과 잠든 곳이
자동차로 불과 10여 분 거리에 있으니 말이다. 위대한 영웅의 묘는 너
무도 검박했다.

블래든 마을의 처치 스트리트의 교회묘지. 교회묘지를 들어가는 초
입은 너무 작아 자칫 지나치기 쉽다. 놓치지 않는 방법이 있다. 먼저
파크 가에 있는 식당 '더 화이트 하우스'를 찾으면 된다. 이 식당 정문

처칠의 묘지

에서 보이는 작은 오르막길이 교회묘지로 가는 길이다. 교회묘지로
들어서서 무조건 조화(弔花)가 가장 많이 놓인 곳을 찾아보자. 교회 왼
쪽에 처칠의 가족묘가 있다. 처칠은 살아생전 금슬이 좋은 부인과 저
세상에 가서도 사이좋게 누워 있었다.

처칠 묘 맞은편에는 벤치 모양의 경계석이 있는데, 기단에 다음과
같은 문장이 쓰여 있었다. "The Danish Resistance movement pays
homage to the memory of Sir Winston Churchill." 경계석은 덴마크
저항운동이 윈스턴 처칠에 찬사를 보내는 뜻으로 기증한 것이었다.

처칠 가족묘를 둘러보고 있는데 머리가 희끗희끗한 사람들이 한꺼
번에 처칠 묘를 향해 올라오는 모습이 보였다. 위대한 영웅의 영원한
안식처를 참배하러 온 영국인들이었다.

제임스 배리,
어린이의 영원한 친구
1860 ~ 1937

무명으로 남은 유명작가

작품의 인기도만 놓고 본다면 작가의 이름은 지구상의 모든 사람이 알고 있어야 마땅하다. 작품 제목이자 주인공 이름을 딴 '신드롬'은 미디어를 통해 끊임없이 나온다. 그런데 신기하게도 작가의 이름은 우리나라에서 작품의 인지도에 비해 너무도 생소하다. 어떻게 작품은 셰익스피어의 4대 비극 못지않게 유명하면서 작가의 이름은 사실상 무명에 가까울 정도로 알려지지 않은 기현상이 벌어진 것일까.

작품의 제목은 그 유명한 《피터팬(Peter Pan)》이다. 그러나 《피터팬》의 작가가 제임스 배리라는 것을 아는 사람은 드물다. 영국에서는 그의 이름 앞에 Sir를 붙여 제임스 배리 경(卿)이라 부른다.

칼럼니스트들은 어떤 현상을 설명하기 위해 곧잘 '피터팬'을 인용한다. 결혼을 했지만 아내와의 섹스에는 관심이 없고 컴퓨터 게임에 빠져 있는 사람을 '피터팬 신드롬'으로 분석하기도 한다. 영어권 국가에서는 매년 크리스마스 시즌이 시작되면 〈피터팬〉이 연극무대에 올라가고 객석은 만원이 된다.

2009년 사망한 마이클 잭슨으로 인해 우리는 다시 《피터팬》을 떠올

극작가로 명성과
부를 누리던 시절의
제임스 배리

렸다. 마이클 잭슨은 어린 시절 《피터팬》을 읽고 큰 감명을 받았다. 그의 저택 이름은 '네버랜드'이다. 그는 캘리포니아 주 산타바바라 지역에 있는 골프 코스를 사들여 '네버랜드'를 만들었다. 어려서부터 큰돈을 벌면 《피터팬》에 나오는 '네버랜드'를 현실에서 만들겠다는 꿈을 갖고 있었다. 그곳에서 피터팬이 되어 아이들과 함께 살고 싶다는 소망. 사람이 일생을 살면서 갖는 꿈 중에서 이보다 더 아름답고 멋진 꿈이 또 있을까.

우리나라 언론에 '피터팬 신드롬'이라는 용어가 처음 등장한 것은 1990년대이다. 흔히 《피터팬》은 아동문학으로 알려졌으나 이는 작품의 극히 일부분만을 조명한 것이다. 제임스 배리와 동시대에 활동했던 극작가 조지 버나드 쇼는 《피터팬》에 대해 "눈에 보이는 것은 어린이용 휴일 오락거리지만 사실상은 성인용 연극"이라고 논평했다. 《피터팬》에 심오한 사회적 메시지가 숨어 있다는 뜻이다.

《피터팬》은 심리학적 측면에서 많은 연구가 되었다. '피터팬 신드롬'이라는 용어를 처음 만들어낸 사람은 심리학자 댄 카일리(Dan Kiley). 그는 피터팬의 자라고 싶어하지 않는 성격적 특성을 연구해 이를 '피터팬 신드롬'이라고 명명했다. "이 아이 같은 어른(man-child)은 실은 심각한 고민에 쌓여 있다. 정신적인 질병이라고는 할 수 없으나 하나의 사회인으로 제대로 꾸려나갈 능력이 없기 때문이다. (……) 나는 이것을 피터팬 신드롬(PPS)이라 부르며, 이와 같은 새로운 유형의 사람들을 피터팬 인간이라 명명하겠다."

댄 카일리가 《피터팬》에서 도출해 낸 인간 본성의 원형은 두 가지다. 늙지 않고 영원히 아이로 남고 싶어하는 욕망과 책임을 회피하고 싶어하는 욕망이다.

자라고 싶지 않은 아이

《피터팬》은 어린이들이 가장 사랑하는 고전 중 하나이다.《피터팬》의 무대는 크게 두 곳이다. 런던 중심가 블룸스버리에 사는 중산층 가정과 날아서만 갈 수 있는 환상의 섬 네버랜드. 가장인 달링 씨를 비롯해 가족 구성원들은 갖가지 사회적 제약을 받으며 살아간다. 이에 반해 네버랜드는 모든 사회적 제약에서 해방된 자유로운 세계.

런던은 현실의 공간인 어른의 세계이고, 네버랜드는 환상의 공간인 어린이의 세계다. 네버랜드에서는 시간이 흐르지 않는다. 시간의 흐름을 알려주는 후크 선장의 시계를 악어가 삼켜버렸기 때문이다. 시간을 모르기 때문에 누구도 늙지 않는다. 집으로 돌아가겠다는 아이들에게 피터팬이 말한다. "가서 어른이 되렴. 어른이 되면 여긴 다시 오지 못해."

네버랜드는 인간의 유년시절을 상징한다. 모든 사람에게 유년시절의 기억은 가장 생생한 현재진행형이다. 인간의 모든 행동을 큰 틀에서 규정하는 것은 어린 시절의 기억과 경험이다. 세상살이에 시달릴수록 어른들은 아무 걱정 없이 살던 유년시절이 가장 행복했었다고 추억한다. 놀이터에서 뛰어노는 어린이들을 보면서 어른들은 '저때가 좋았다'고 마음속으로 말한다.

피터팬이 런던이라는 현실의 공간에 마음대로 드나드는 것처럼 웬디 역시 현실의 세계에 살면서 마음대로 환상의 세계를 넘나든다.《피터팬》연구자들은 이를 가리켜 "인간에게는 어른과 아이의 모습이 공존한다는 것을 상징한다"고 해석한다. 어른도 '아이처럼' 굴기도 하며, 나이가 들면 실제로 어린아이가 되어가기도 한다. 반대로 어린아이에게서도 종종 어른의 모습을 발견하게 된다.

《피터팬》의 달링 씨 부부와 후크 선장을 보자. 달링 씨는 도가 지나칠 정도로 매우 현실적이다. 돈을 계산하는 장면에서는 치밀함의 단계를 넘어선다. "여기 집에 1파운드 17실링이 있고 회사에 2실링 6펜스가 있어. 회사에서 커피값을 아끼면 10실링이 절약되는군." 그는 이렇게 완벽한 계획과 계산 아래서 빈틈없이 살아가기 위해 분투하는 남자다. 그러나 주변 상황이 조금이라도 흐트러지면 순식간에 대처능력을 상실하고 어린아이로 돌변한다. 《피터팬》의 첫 장면에 이런 모습이 잘 그려지고 있다. 달링 씨는 겉으로는 멀쩡할 뿐 아니라 중산층다운 품위마저 있다. 그러나 이런 모습 속에 철없는 아이의 본성이 감추어져 있다. 반면 후크는 외모에서부터 달링 씨와 대조적으로 잔인하고 사악해 보이지만 외모와는 달리 순수하고 여린 감성의 소유자다.

늙고 싶은 사람이 있을까? 어쩔 수 없이 나이를 먹어도 젊게 살고 싶은 것이 인간의 원초적 욕망이다. 사람들은 나이보다 몇 년이라도 젊게 보일 수만 있다면 아낌없이 시간과 돈을 쏟아붓는다. 네버랜드가 현실세계에 존재하지 않기 때문에 안티에이징 산업은 결국 영원한 비즈니스가 될 수밖에 없다.

형의 죽음과 어머니의 슬픔

1960년 4월 5일 화요일 밤, 한 유명한 출판인이 런던 중심가의 로열 코트 호텔에서 걸어나왔다. 그는 슬로안 광장을 가로질러 슬로안 지하철 역사 안으로 들어갔다. 얼마 뒤 그는 달려오는 열차에 몸을 던졌다.

비극적 최후를 선택한 이는 피터 데이비스였다. 그는 1926년 자신의 이름을 딴 출판사 피터 데이비스 사(社)를 창립한, 런던 출판계의 중요 인물이었다. 그의 죽음은 영국, 미국, 캐나다 등 영어권 국가에서 대대적으로 보도되었다. 그런데 제목은 '출판인 피터 데이비스'가 아니었다. 《뉴욕 타임스》의 헤드라인은 "배리의 피터팬, 런던 지하철에 치여 사망"이었다. 《데일리 익스프레스》는 다음과 같은 부음 기사를 실었다.

"63세로 죽을 때까지 피터 데이비스는 피터팬이었다. 그는, 동화를 믿는 결코 자라지 않는 어린 소년이었다. 그 이름은 극작가 제임스 배리 경이 그에게 준 선물이었고, 피터 데이비스는 그 이름을 일생 동안 혐오했다. 그러나 부끄럼 많고 사교성 없는 출판인은 화요일 밤 사망하기 전까지 결코 피터팬을 잊지 못했다."

'자라지 않는 소년'의 진짜 탄생은, 피터 데이비스의 죽음 100년 전에 일어났다. 제임스 배리는 1860년 5월 9일 스코틀랜드의 작은 마을 키리무어의 브레킨 로 4번지에서 태어났다. 아버지 데이비드 배리는 베틀 직공으로 살림살이가 마을의 평균보다 조금 나은 상황이었다. 아버지는 칼뱅주의자였으며 이미 아들 둘과 딸 넷이 있었다. 제임스의 탄생은, 식구가 하나 더 늘었다는 것 이상 이하도 아니었다.

부모의 최고 목표는 자녀를 출세시키는 것이었다. 제임스가 여섯 살이 되었을 때 부모의 소망은 처음으로 실현되었다. 장남 알렉산더가 애버딘 대학을 최우수성적으로 졸업하고 사립학교를 열었다. 첫번째 자식 농사에 성공한 부모는 열세 살인 차남 데이비드에게 모든 기대를 걸었다. 데이비드는 모든 면에서 알렉산더를 능가했다. 키도 컸고 운동을 잘했고 잘생겼고 매력적이었다. 어머니 마가레트 오길비는

어머니 마가레트 오길비

데이비드가 나중에 큰 인물이 될 것으로 믿어 의심치 않았다. 이에 반해 셋째아들 제임스는 실망스런 존재였다. 공부도 잘하지 못했고 형의 외모를 닮지도 못했다. 또래에 비해 체구도 작았고 몸집에 비해 머리가 너무 컸다. 제임스는 데이비드의 그늘 속에서 살았다.

1867년 1월, 데이비드의 생일 하루 전날이었다. 데이비드는 꽁꽁 얼어붙은 동네 호수에서 친구들과 스케이트를 타다가 뒤로 넘어져 뇌진탕으로 죽고 말았다. 여섯 살의 제임스는 너무 어렸기에 이 비극적 사건을 상세히 기억하지 못했지만 한 가지 짧은 동영상이 어린 제임스의 뇌리에 박혔다. 제임스는 여동생 매기와 함께 데이비드의 관이 놓인 탁자 밑에서 술래잡기 놀이를 했던 일만은 기억했다. 제임스는 훗날 어머니의 삶을 그린 책 《마가레트 오길비》에서 이렇게 썼다. "어머니는 그 순간부터 항상 예민해 있었고 수십 개월 동안 굉장히 아팠다. 나는 수없이 문틈으로 방안을 들여다보았고 계단으로 내려가 계단에 앉아 울었다."

제임스의 큰누나 제인 앤은 어머니의 오랜 슬픔이 막내 동생에게 나쁜 영향을 끼치고 있다는 사실을 알아차렸다. 다시 《마가레트 오길비》를 인용해 본다.

"엄마가 계시는 안방으로 가면 엄마는 여전히 다른 아들이 있는 것처럼 말했다고 큰누나는 내게 말했다. 방안은 어두컴컴했다. 침대에서 어떤 소리도 들리지 않아 나는 두려웠고 그대로 서 있었다. 나는 거칠게 숨을 쉬거나 아니면 울고 있었다고 생각된다. 얼마 후에 심드렁한 목소리를 들었다. '너였구나?' 그 어조는 내게 상처를 주었기 때문에 나는 아무런 대답도 하지 않았던 것 같다. 목소리는 좀더 걱정스럽게 '너였구나?'라고 물었다. 나는 엄마가 말하는 사람이 죽은 형이라고 생각했기에 처량한 목소리로 이렇게 대답했다. '아니에요, 형이 아니에요. 저예요.' (……) 어머니는 그후 29년을 더 살았다. 29년의 세월 동안 어머니는 단 하루도 형을 잊은 적이 없다. 여러 번 어머니는 잠든 상태에서 형과 얘기를 나눴고 마치 형이 돌아온 것처럼 미소를 짓기도 했다. 형이 갑자기 사라지게 되면 잠에서 깨어나 당혹해 했다. 그리곤 느리게 말했다. '데이비드가 죽었다.' 내가 어른이 되었을 때에도 형은 여전히 열네 살 소년이었다."

아홉 살의 제임스 배리

마가레트는 데이비드가 소년으로 남아 품안을 떠나지 않는다는 사실에서 위로를 받았다. 데이비드의 죽음과 어머니의 오랜 슬픔은 제임스의 인생에 깊은 영향을 끼쳤다. 그는 신체적으로도 성장하지 않았다. 키가 150센티미터를 넘지 않았다. 작은 키는 평생 동안 콤플렉스가 되었다.

마가레트가 데이비드를 영원한 열네 살 소년으로 기억하면서 위로를 받았던 것처럼 제임스 역시 데이비드로부터 영감을 얻었다. 어머니 앞에서 '죽은 형'의 옷을 입고 '죽은 형'을 연기하지 않아도 되었을 때 제임스는 스스로 다른 역할을 창조해 냈다. 이 과정에서 연극에 대한 감각을 자연스럽게 키워갔다. 어떤 때는 어머니의 세탁소에서 아마추어 연극으로 공연되었고, 어떤 때는 집에서 실제처럼 행해졌다.

제임스는 어머니의 관심과 사랑을 받기 위해 어머니에게 더 다가갔다. 어머니는 그런 막내아들에게 자신이 살아온 시대에 관한 이야기를 들려주었다. 제임스는 어머니의 회상을 통해 어머니의 처녀 시절과 스코틀랜드의 사회상을 생생히 알게 되었다. 훗날 극작가가 된 그는 어머니의 어린 시절에 대한 기억을 통해 수많은 여주인공을 창조해내게 된다. 네버랜드에서 잃어버린 소년들과 피터팬의 엄마 역할을 하는 웬디는 어머니 마가레트의 구현이었다. 제임스의 열등감은 여동생 매기로 인해 대부분 해소되었다. 매기는 제임스를 좋아해 변함없는 헌신을 했다.

마가레트는 소년 제임스가 문학에 열정을 갖도록 불을 지폈다. 제임스는 마가레트 곁에서 많은 책을 읽었다. 그가 도서관에서 빌린 최초의 책은 《로빈슨 크루소》였다. 두 번째 책은 《아라비안나이트》.

열세 살이 되던 해에 제임스 배리는 덤프리 아카데미의 기숙학교에 입학했다. 그는 덤프리 아카데미에서 보낸 5년을 인생에서 가장 행복했던 순간으로 기억했다. 그는 기숙학교 시절 또래 친구들과 함께 정

1890년대 키리무어의
그림 엽서

원에서 해적놀이를 즐겨 했다. 이것은 먼 훗날 연극 〈피터팬〉에 등장하는 모험 여행이 되었다.

열일곱 살 때 제임스의 키는 겨우 150센티미터가 되었다. 수염이 나지 않아 면도를 할 필요도 없었다. 제임스는 수줍음 많고 내성적이었다. 덤프리 아카데미를 졸업한 제임스는 작가가 되기

로 결심했지만 어머니는 "데이비드가 살았더라면 대학에 갔을 것"이라며 제임스에게 대학 진학을 권했다. 제임스는 어머니의 소원대로 에딘버러 대학에 진학했지만 대학생활은 행복하지 못했다. 내성적인 성격 때문에 친구를 만들지 못해 외로운 시간이 많았다.

베스트셀러 작가가 되다

1882년, 에딘버러 대학을 졸업한 배리는 고향집으로 돌아갔다. 부모는 여전히 작가가 되겠다는 배리가 못마땅했다. 누나만이 배리에게 용기를 주었다. 특히 누나는 동생이 작가가 되는 기회를 잡는 데 결정적인 도움을 주었다. 지방 신문인 《더 스코츠맨》을 보다가 《노팅엄 저널》의 기자모집 광고를 보고 이것을 배리에게 보여주었다. 배리는 지체 없이 응모했고 주급 3파운드라는 조건으로 채용되었다. 런던의 작

1890년 〈어린 장관〉을 쓰고 있는 제임스 배리

은 신문사인 《노팅엄 저널》에서 배리는 군더더기 많은 원고를 다듬는 일을 맡았다.

제임스는 《노팅엄 저널》을 오래 다니지 못했다. 유력 신문사들이 몰려 있는 '플리트 스트리트'로 진출하고 싶었으나 길이 보이지 않았다. 1884년 10월, 그는 신문사를 그만두고 키리무어로 돌아갔다. 배리는 고향집에서 런던의 주요 출판사에 원고를 투고했다. 출판 여부를 검토해 달라는 편지와 함께. 요즘도 출판사에는 출판을 원하는 무명 작가의 원고가 쇄도한다. 이런 원고 중에서 편집자의 눈에 띄어 한 권의 책으로 세상 빛을 볼 가능성은 매우 희박하다.

이 중에서 '제임스 가제트' 출판사가 배리의 원고를 눈여겨보았다. 어머니의 어린 시절 이야기를 다룬 《언 올드 리흐트 코뮤니티(An Auld Licht Community)》가 1884년 11월 이 출판사에서 출간되었다. 출판사의 편집자는 그에게 편지를 보내 스코틀랜드 얘기를 더 쓸 수 있는지를 물었다.

이 편지에 용기를 얻은 배리는 다시 런던으로 가기로 결심했다. 그는 1887년까지 이름 있는 모든 출판사에 원고를 보냈다. 하지만 소설을 내주겠다는 출판사는 나타나지 않았다.

1888년, 그는 결국 첫번째 소설 《보다 나은 죽음》을 자비로 출판해야 했다. 그는 출판 비용으로 25파운드를 썼다. 두 번째 소설은 어머니의 어린 시절을 배경으로 쓴 《실타래의 창문》. 출판 담당 기자들로부터 호평을 받지 못했고 독자의 반응도 시원치 않았다. 1891년 세 번째 소설 《어린 장관》을 발표했다. 이 작품은 달랐다. 《내셔널 옵저버》 신문은 《어린 장관》을 북리뷰 1면에 소개하며 "천재의 책"이라는 제목과 함께 최고의 찬사를 보냈다. 최고 권위의 신문에서 호평 기사가 나자 소설은 순식간에 베스트셀러가 되었다.

영국에서 베스트셀러가 되는 것은 영연방 국가 전체에서도 베스트셀러가 되는 것을 의미한다. 배리는 하루아침에 세계적인 명성을 얻었다. 남태평양의 섬에서 은거하고 있던 로버트 스티븐슨이 헨리 제임스에게 편지를 보내왔다. 스티븐슨은 "우리 시대 나의 3대 뮤즈는 제임스, 배리, 키플링이다"라고 썼다. 스티븐슨은 배리에게도 편지를 보내 격려했다. 스티븐슨과 배리는 오랜 세월 편지를 교환하는 관계를 유지했다. 비사교적인 성격에도 불구하고 배리는 토마스 하디 등 당대의 유명 작가들과 교류하게 되었다. 배리의 희곡은 1891년 5월 31일 런던의 툴레극장에서 처음으로 무대에 올려졌다.

소설가와 극작가로서 명성을 얻은 배리는 여배우들과 어울리는 것을 좋아했다. 그 중에서도 여배우 매리 엔셀을 마음에 두었다. 하지만 엔셀은 키가 작은 배리에게 관심을 갖지 않았다. 1892년 봄, 여름 동안 기록한 배리의 노트에는 매리 엔셀에 대한 연모의 마음이 가득 차 있다.

매리 엔셀은 서서히 배리에게 마음을 열었다. 이때 배리와 엔셀의 약혼이 임박했다는 기사가 런던의 신문들에 실렸다. 배리는 자신이 기질적으로 결혼생활에 적합하지 않다고 느꼈지만 두 사람은 약혼했고 스위스 루체른으로 약혼여행을 떠났다. 루체른에 머물 때 매리는 일생 동안 열정을 쏟는 대상을 발견했다. 애견숍 진열장에 있는 세인트 버나드 종 강아지에 마음이 끌린 것이다. 배리는 결혼선물로 강아지를 선물했다. 두 사람은 이 개를 포토스라고 불렀다.

배리는 어머니에게 인사를 하기 위해 키리무어 행 열차를 탔다. 키리무어에 도착한 직후 배리는 늑막염과 폐렴에 걸리고 말았다. 폐렴 후유증으로 배리는 평생 기침을 달고 살게 된다. 배리의 발병 소식은 신문에 크게 보도되었고, 매리는 예정된 연극 출연을 포기하고 약혼자

오늘날의 켄싱턴 가든

를 간호하기 위해 스코틀랜드로 달려갔다. 어머니는 아들의 약혼자가 연극배우라는 사실을 탐탁지 않게 생각했으나 매리의 태도를 보고 마음을 바꾸게 된다.

배리와 매리는 켄싱턴 가든 근처의 글루스터 로 133번지에 신혼살림을 차렸다. 글루스터 로는 켄싱턴 가든 남쪽에서 도보로 5분 거리에 있다. 배리 부부는 켄싱턴 가든을 매일 산책하는 고정 멤버가 되었다. 글루스터 로는 지금도 도로명이 그대로 남아 있으나 133번지에는 아무런 표시가 없었다. 2차대전 때의 폭격으로 크게 파손된 것 같았다.

배리는 최고 수준의 문학서클에 참여했다. 문학서클 활동을 통해 코난 도일, 조지 버나드 쇼 등을 알게 되었다. 코난 도일과 함께 배리는 뮤지컬 대본을 썼으나 성공하지 못했다. 조지 버나드 쇼는 수년 동안 배리와 이웃에 살았다. 또한 배리가 여러 번 만나 이야기를 들려준 어린 소녀 두 명이 있었다. 소녀들은 훗날 여왕 엘리자베스 2세와 마가렛 공주가 되었다.

켄싱턴 가든의 놀이동산
은 배리의 지원으로 만
들어졌다.

    배리 부부는 항상 애견 포토스와 함께 산책을 했기 때문에 켄싱턴 가든에서 금방 눈에 띄었다. 주인과 개는 부조화의 풍경을 연출했다. 중산모를 쓰고 체구보다 더 큰 오버코트를 입은 채 기침을 하며 파이프를 문 작은 남자가 거대한 몸집의 세인트 버나드 종을 데리고 다녔으니 말이다. 켄싱턴 가든에 나온 아이들은 종종 포토스를 보고 놀라 울음을 터뜨리곤 했다.

    1895년에는 어머니 마가레트가 사망했다. 배리의 문학에서 마가레트의 존재는 절대적이다. 스코틀랜드를 무대로 한 소설 대부분은 마가레트의 경험을 토대로 픽션을 가미해 재구성한 것이었다. 산업혁명 이전 스코틀랜드의 풍습은 마가레트의 구전(口傳)으로 영국 전체에 알려지게 되었다. 《마가레트 오길비》는 바로 어머니의 이야기이다.

    1896년 9월, 《마가레트 오길비》의 출간을 앞두고 배리는 주간지 《브리티시 위클리》 편집장 로버트슨 니콜과 함께 처음으로 미국 여행을 하게 되었다. 미국 여행 중에 배리는 전설적인 브로드웨이 프로듀

서 찰스 프로맨을 만났다. 마침 프로맨은 새로 발탁한 여배우 모드 애덤스에게 맞는 작품을 물색하던 중이었다.

배리와 프로맨은 첫 만남부터 호흡이 잘 맞았다. 평범한 집안 출신으로 젊은 시절 고난을 극복했다는 점이 두 사람을 가깝게 했다. 배리는 애덤스가 출연한 연극을 보고 자신이 희곡으로 각색한 〈어린 장관〉의 주연배우로 추천했다. 1년 뒤인 1897년 9월 〈어린 장관〉이 뉴욕 브로드웨이 무대에 올려졌다. 〈어린 장관〉은 300회 이상 장기 공연하며 기존의 모든 브로드웨이 공연 기록을 갈아치웠다. 극작가 배리의 명성은 이제 북미에서도 확고해졌다.

공원에서 만난 아이들

부와 명성을 얻은 배리 부부였지만 결혼한 지 3년이 지나도록 아이가 생기지 않았다. 배리는 자식에 관심이 없는 듯 태연한 척했지만 자신이 누구보다 아이들을 즐겁게 해주는 능력이 탁월하다는 사실은 잘 알고 있었다.

그러던 중 배리에게 차선의 대안이 생겼다. 다른 집의 아이들이었다. 배리는 켄싱턴 가든에서 우연히 어린 남자아이 둘을 알게 되었다. 다섯 살 조지와 그의 동생인 네 살 잭이었다. 두 형제는 유모와 함께 켄싱턴 가든에 산책을 나오곤 했다. 셋째인 갓난아기 피터는 유모차에 앉아 산책하곤 했다.

아이들에게 배리는 유명작가가 아니었다. 자유자재로 귀를 구부리고 눈썹으로 마술을 부리는, 기침을 달고 사는 작은 남자에 지나지 않았다. 무엇보다 배리는 크리켓, 동화, 해적, 교수형, 버려진 섬 등에 대해 모르는 것이 없는 사람이었다. 아이들은 끊임없이 재미있는 이야기를 들려주는 배리에게 빠져들 수밖에 없었다. 그 중에서도 조지는 아주 특별한 아이였다. 배리는 특히 조지에게 매료되었고, 조지와의 관계를 토대로 《작은 흰 새》를 쓴다. 이 작품에서 조지는 '데이비드'라는 이름으로 묘사된다. 그리고 피터라는 이름도 등장하는데, 이 희곡을 쓰면서 배리는 처음으로 《피터팬》의 모티브를 얻게 된다.

피터팬 의상을 입은
조지의 동생 마이클

《피터팬》을 탄생시킨 환상의 공간 켄싱턴 가든으로 가보자. 한국 사람에게 '켄싱턴'이라는 이름은 비교적 친근하다. 다이애나 비 때문이다. 찰스 왕세자와 다이애나 비가 살았던 곳이 켄싱턴 궁전이다. 30대 이상의 독자들은 기억할 것이다. 다이애나가 사망했을 때 켄싱턴 궁전 앞에는 그녀의 죽음을 애도하는 조화(弔花)로 작은 동산이 만들어졌다는 것을. 지금도 매년 다이애나 비의 기일이 되면 켄싱턴 궁전에는 애도의 행렬이 이어진다. 다이애나 비의 거처였던 켄싱턴 궁전은 바로 켄싱턴 가든 안에 있다. 켄싱턴 가든은 규모가 워낙 크다 보니 출입구가 여러 곳이 있다. 배리는 집을 나와 큰길인 켄싱턴 로드를 건너 팰리스 게이트를 통해 켄싱턴 가든으로 들어갔다.

팰리스 게이트로 들어가면 넓은 인도가 나타난다. 보행자 전용도로를 따라 2~3분 걸어 올라가면 왼쪽에는 켄싱턴 궁전이, 오른쪽에는 둥근 연못(Round Pond)이 보인다. 이 인공 연못은 호수라고 불러도 손

켄싱턴 궁전

색이 없을 정도이다. 연못과 그 주변은 백조, 오리, 거위, 비둘기 등 조류의 천국이다. 여기에 계절에 따라 철새 떼가 합류한다.

눈비가 오는 날이 아니라면 켄싱턴 가든에서는 언제나 일상의 행복을 즐기는 사람들과 만나게 된다. 19세기 말의 배리 부부가 포토스를 데리고 산책하다가 우연히 만나는 사람들과 크게 다르지 않다. 아이를 데리고 산책을 나온 여성들, 풀밭에서 축구하는 사람들, 조깅을 하는 남녀들……. 여성들은 아이들의 어머니일 수도 있고, 유모일 수도 있다. 아이들은 대개 개를 좋아하기 때문에 언제나 같은 시각에 포토스를 데리고 산책하는 배리가 좋은 사람으로 보였을 것이다. 켄싱턴 가든은 여전히 아이들의 천국이다.

배리는 켄싱턴 가든에 오면 으레 연못 근처의 벤치에 앉곤 했다. 현재 벤치에는 벤치를 기증한 유명인사들의 이름이 붙어 있다. 따사로운 햇살을 받으며 연못의 새들과 사람들이 어우러져 만들어내는 풍경을 감상했다. 남자들은 종종 연못에 돛단배를 띄우고 경주 시합을 하

위쪽 1890년대 켄싱턴 가든의 둥근 연못에서 모형보트 경주를 하는 시민들
아래쪽 오늘날의 켄싱턴 가든의 둥근 연못

기도 했다. 지금도 종종 어린이들과 모형배 매니아들이 모형배를 띄우고 원격 조종하는 모습을 볼 수 있다. 겨울이 되면 둥근 연못은 무료 스케이트장으로 변신한다. 배리는 〈라운드 폰드〉라는 에세이도 썼다.

켄싱턴 가든의 매력은 런던의 다른 공원과 마찬가지로 너른 잔디밭과 아름드리나무들이 만들어내는 녹음에 있다. 산책로들은 중요한 지점과 지점을 연결하며 탁 트인 잔디밭 가운데를 직선으로 분할하며 뻗어 있다. 교직과 분할을 거듭하는 산책로들은 방사형에 가까운데 하늘에서 보면 마치 페루 나스카 평원의 그림처럼 보인다. 그래서 정확히 가고자 하는 방향을 머리에 넣지 않으면 자칫 길을 잃기 십상이다.

풀밭은 30여 개로 분할되어 있는데, 그 위에서는 숫자만큼이나 다양한 유희와 놀이와 사랑이 펼쳐진다. 풀밭 위에서 축구를 하는 아버지와 아들, 나무에 기대어 책을 읽는 사람, 매트를 깔고 누워 밀어를 나누는 연인, 개와 함께 달리기를 하거나 개와 공 던지기 놀이를 하는 사람들. 19세기 말의 켄싱턴 가든의 풍경도 이와 다르지 않았을 것이다. 배리는 어린아이처럼 조지와 잭과 포토스와 어울리면서 아이디어를 얻었고, 그것을 숙성시키고 발전시켜 불멸의 작품을 탄생시켰다.

르웰린 데이비스 부인

《피터팬》의 모델들

배리는 성격적으로 사교모임을 싫어했다. 하지만 극작가로 성공하면서 사교모임에 나가지 않을 수 없는 유명인사가 되어버렸다. 1897년 12월 31일, 배리는 조지 경 부부의 신년 전야 만찬 파티에 초대되었다. 조지 경은 런던에서 가장 유명한 변호사로 조지 부부가 주최하는 파티는 런던 상류사회의 하이라이트였다. 이 파티에는 작가, 예술가, 음악가, 배우, 변호사, 정치인 등 72명이 초청장을 받았다.

지루할 것이라 생각했던 파티는 의외로 흥미로웠다. 우연히 배리 옆자리에 앉은 여인 때문이었다. 그 여인은 배리가 이제까지 만나본 여성 중 가장 아름다웠다. 그녀는 젊은 변호사의 부인이었다. 르웰린 데이비스 부인. 테이블 대화보다는 사탕을 슬쩍슬쩍 실크 손가방에 집어넣는 모습이 배리의 호기심을 자극했다. 배리는 누구에게 사탕을 주려고 하는지를 물었다. 그녀는 "피터"라고 대답했다.

배리와 데이비스 가족의 운명적 만남은 그렇게 시작되었다. 말할 것도 없이 《피터팬》에 나오는 달링 씨 가족은 데이비스 가족이 모델

르웰린 부인과 아들 조지. 1900년 제임스 배리가 찍었다.

이다. 그녀의 남편 아서는 달링 씨로 그려졌다. 데이비스 부부는 켄싱턴 파크 가든 31번지에 살고 있었고 켄싱턴 가든에서 만난 조지와 잭과 피터가 바로 그녀의 아이들이었다.

남편 아서는 처음에는 배리가 못마땅했지만 금방 배리가 결혼생활을 위협하지 않는다는 것을 깨닫고는 이 스코틀랜드 남자에 대한 경계심을 풀었다. 배리는 초대받지 않아도 수시로 켄싱턴 파크 가든 31번지를 드나들 수 있는 가족 같은 존재가 되었다.

배리는 데이비스 가족에게서 자신이 지금까지 줄곧 찾아 헤맨 것을 발견했다. 모성성이 완벽하게 구현된 아름다운 여성과 소년기의 축소판이랄 수 있는 소년들. 《피터

〈동화 나라의 초롱꽃〉이
초연된 보드빌 극장

팬》의 이야기는 배리의 머릿속에서 계속 숙성되고 발효되어 갔다.

배리는 크리스마스 시즌에 팬터마임 〈숲속의 아이들〉에 조지와 잭을 출연시켰다. 이 무언극은 노팅힐 게이트의 코로네 극장에서 막이 올랐다. 배리는 이후 자신의 작품이 런던 극장가 웨스트엔드에 올려질 때마다 데이비스 부부를 1층 VIP석에 초청하곤 했다. 배리의 일상에서 데이비스 부부와 그 아이들은 떼려야 뗄 수 없는 존재가 되었다. 배리는 다음해 크리스마스 때 웨스트엔드의 보드빌 극장에서 새 팬터마임 〈동화 나라의 초롱꽃〉을 무대에 올렸다. 이 팬터마임은 열광적인 어린이 팬들을 불러모으며 300회 공연을 돌파했다.

배리는 이 무언극이 기대 이상으로 성공을 거두자 자신감이 생겼다. 마침내 4년간의 구상과 집필 끝에 1902년 여름 《작은 흰 새》를 완성했다. 피터팬의 모험담이 이 작품 속에 하나의 독립적인 장(章)으로 들어갔다.

이즈음 배리 부부는 베이스워터 로의 작은 리전시하우스로 이사했다. 베이스워터 로 100번지는 켄싱턴 가든 북쪽과 붙어 있는 길이다. 데이비스 가족과 더 가까워졌고, 집에서 나와 큰 길만 건너면 켄싱턴 가든이었다. 지금도 2층 외벽에 소설가이자 드라마작가 제임스 배리가 살았던 집이라는 블루 플라크가 붙어 있다.

데이비스 부부는 아들 5형제와 하인 4명이 함께 살기에 '켄싱턴 파크 가든'의 집이 매우 좁게 느껴졌다. 더군다나 5형제를 모두 사립기숙학교에 보내야 했으니 경제적 부담이 만만치 않았다. 데이비스 부부는 집값과 생활비 부담을 줄이기 위해 런던 교외로 이사를 했다. 켄싱턴 가든에서 40킬로미터나 떨어진 곳이었다. 그러나 배리에게 그 정도 거리는 아무것도 아니었다. 그는 데이비스 5형제를 보지 않고는 어떤 창조적인 활동도 할 수 없었던 것이다.

제임스 배리가 살던 집

피터팬, 드디어 날다

배리는 연극 〈피터팬〉을 구상하면서 아이들을 어떻게 날게 할 것인가로 고심했다. 조지 커비가 설립한 플라잉발레회사의 비행 설비는 아직 초보적 수준에 머물러 있었다. 철선을 몸에 연결하는 데 몇 분이 걸린다는 것이 결정적인 단점이었다. 배리는 조지 커비에게 그 단점을 커버하는 비행 시스템을 만들어달라고 요청했다. 시행착오를 거듭한 끝에 조지 커비는 결국 수초 안에 철선을 붙이고 뗄 수 있는 혁신적인 갑옷을 개발해 냈다.

제작자 찰스 프로맨은 《피터팬》을 처음 읽었을 때부터 이 작품에 완전히 매료되었다. 1904년 10월 말 웨스트엔드의 '듀크 오브 요크' 극장에서 리허설이 시작되었고, 모든 과정이 공개되었다. 하지만 출연배우 중에 연극의 제목을 아는 사람은 거의 없었고, 배우 대부분은 자신의 역할과 관련된 대본만이 주어졌다. 이렇게 되자 연극 담당 기자들은 배리의 신작과 관련한 갖가지 추측 보도를 쏟아냈다.

〈피터팬〉 초연은 12월 22일로 결정되었다. 그러나 12월 중순까지 여러 가지 특수효과를 위한 기계장치가 설치되지 않은 채 리허설이 진행되었다. 배리는 오리지널 희곡을 놓고 마지막 순간까지 고치고 또 고쳤다. 개막 전날 밤, 무대 배경의 절반을 매달고 있던 기중기가 무너져 내리는 바람에 개막은 27일로 연기되었다. 이런 우여곡절 끝에 배리의 오랜 꿈인 〈피터팬, 자라지 않는 소년〉은 1904년 12월 27일 밤 8시 30분에 '듀크 오브 요크' 극장에서 막이 올랐다. 역사적인 〈피터팬〉 초연은 수없는 커튼콜을 받았다.

같은 시각 미국 뉴욕 주는 오후 3시 30분이었다. 제작자 프로맨은 자택에서 초조하게 〈피터팬〉에 대한 런던의 반응을 기다렸다. 프로맨은 〈피터팬〉 제작에 전 재산을 투자한 상태였다. 자정 무렵 전화벨이 울렸다. 비서가 수화기를 들고는 런던에서 온 해저 전신을 반복해 읽었다. "〈피터팬〉, 확실하다. 대성공 같다."

런던의 《타임스》, 《새터데이 리뷰》 등 유력 신문들은 호평을 쏟아냈다. 물론 비판적인 평가도 일부 있었다. 〈피터팬〉은 일부 성인 평론가들을 감동시키는 데는 실패했지만 수많은 어린이들을 극장으로 불러모았다. 어린이의 심리상태를 꿰뚫고 있는 배리는 어린이들이 갖고 있는 욕망의 정곡을 찔렀다. 〈피터팬〉의 피터팬은 연극 무대에 처음 등장한 사춘기 직전의 영웅이었다. 즉 피터팬을 돌보고 싶어하는 소

녀들, 피터팬과 한편이 되어 후크 선
장과 맞서 싸우고 싶어하는 소년들이
주인공이었다.

〈피터팬〉은 첫 공연부터 대성공을
예고했다. 초연에서 관객들은 동심의
세계에 흠뻑 젖어들며 행복해 했다.
일찍이 런던 극장가 웨스엔드에 올려
진 연극 중 이런 작품은 없었다. 현실
과 환상의 세계를 넘나드는, 늙지 않
는 주인공 〈피터팬〉은 순식간에 웨
스트엔드를 휩쓸게 되었다. 배리는
이 희곡을 기초로 1911년 소설 《피터
팬》을 발표했다.

배리가 프랑스에 머물고 있는 동
안 〈피터팬〉의 런던 초연은 막을 내
렸다. 프로맨은 〈피터팬〉의 관객 수

〈피터팬〉이 초연된 듀크
오브 요크 극장

요를 정확히 읽었고, 다음해 12월에 재공연을 하겠다고 발표했다.

〈피터팬〉이 초연된 웨스트엔드의 듀크 오브 요크 극장은 지하철
베이커루 라인과 노던 라인이 교차하는 차링크로스 역에서 내리면 된
다. 내가 찾았을 때에는 〈유령 이야기〉가 공연 중이었다. 듀크 오브
요크 극장에는 아쉽게도 〈피터팬〉이 초연되었다는 기념물은 없었다.
처음에는 왜 기념 동판이 없을까 의아하게 생각했지만 곧 그 이유를
깨달았다. 얼마나 많은 연극이 이 극장에서 초연되었겠는가. 이미 모
든 기록물에 나와 있으니 굳이 기념물로 남기지 않아도 된다고 극장
측은 생각했을 것이다.

〈피터팬〉의 미국 초연은 1905년 11월 6일 뉴욕 브로드웨이에서 막이 올랐다. 미국의 비평가들은 영국 비평가들보다 배리에게 더 우호적이었다. 미국의 관객들은 〈피터팬〉에 열광했다. 그 열기가 너무도 뜨거워서 런던에서의 성공은 오히려 시시해 보일 정도였다. 〈피터팬〉은 엠파이어 극장 역사상 최장기 공연이라는 기록을 세우며 북미 지역을 순회 공연하기에 이르렀다. 남부 지역부터 서부의 황야 지역까지 〈피터팬〉을 공연하지 않은 곳은 없었다. 심지어는 10개월 동안 얼음과 눈으로 뒤덮여 있는 캐나다의 준주(準州)인 노스웨스트 테러토리까지 찾아갔다.

여기서 잠시 연극 제작자 찰스 프로맨에 대해 살펴볼 필요가 있다. 프로맨은 〈피터팬〉을 영국과 미국에서 무대에 올리는 책임을 맡았다. 프로맨이 없었다면 〈피터팬〉은 세상 빛을 보지 못했을지도 모른다. 프로맨은 배리의 천재성을 일찍부터 알아보았고, 〈피터팬〉의 마력을 정확히 읽어내는 안목을 가진 인물이었다.

〈피터팬〉 탄생 실화를 다룬 영화 〈네버랜드를 찾아서〉가 있다. 이 영화에서 조니 뎁이 배리 역을, 더스틴 호프만이 프로맨 역을 각각 맡았다. 영화에서 그려진 것처럼 프로맨은 극작가 배리의 인생에 결정적인 영향을 주었다. 프로맨은 피터팬의 마지막 대사 "죽는다는 건 참으로 대단한 모험이 될 것이다(To die will be an awfully big adventure)"를 집어넣은 것으로 알려졌다. 프로맨의 죽음은 자신의 예언처럼 비장했다. 2차대전 참전 중 북대서양에서 루시타니아 호에 타고 있다가 독일 U보트에 피격되어 침몰하는 배와 함께 숨을 거둔다.

〈피터팬〉은 1907년 아일랜드의 더블린에서도 공연되었다. 배리가 프로맨과 함께 더블린에 있을 때 데이비스가 위독하다는 전보를 받았다. 배리는 곧바로 데이비스 집으로 달려가 죽어가는 남자의 손을 잡아주었다. 데이비스는 유산도 남기지 못한 채 눈을 감았다. 데이비스 양쪽 집안에서는 배리가 유가족을 돌봐야 한다는 것을 믿어 의심치 않았다.

데이비스의 아내는 남편 사망 후 런던 교외 집을 팔고 다시 런던으로 돌아왔다. 배리의 재정적 도움을 받아 런던의 캠덴 힐 스퀘어 23번지에 새집을 마련했다. 이곳은 켄싱턴 가든과 배리의 집으로부터도 그리 멀지 않은 곳이었다. 배리는 〈피터팬〉의 대성공으로 경제적으로 윤택했다. 1906년에만 4만 4,000파운드를 벌었고, 〈피터팬〉으로 번 돈이 50만 파운드가 넘었다. 배리는 생활이 어려운 무명작가들을 지원하기도 했다.

"짐 아저씨"와 "내 아이들"

배리는 켄싱턴 가든에 피터팬 동상을 세우고 싶었다. 그래서 조각가 조지 프램턴에게 데이비스의 넷째아들 마이클의 사진을 건네주며 모든 것을 위임했다.

피터팬 동상은 1912년 4월 30일 밤, 비밀리에 켄싱턴 가든에 세워졌다. 피터팬 동상이 세워진 곳은 하이드파크와 경계가 되는 '긴 호수 (The Long Water)' 바로 옆이다. 5월 1일 아침, 산책을 나온 시민들은 피터팬 동상이 마치 하늘에서 마술을 부려 뚝 떨어지기라도 한 듯 신기하게 받아들였다.

동상을 주문한 배리 역시 이날 처음으로 동상의 실물을 볼 수 있었다. 배리는 동상을 보고 실망했다. 프램턴이 피터팬 동상을 마이클이 아닌 다른 소년을 모델로 제작한 것이다. 배리는 "이 동상은 피터의 내면에 있는 악마성을 보여주지 못했다"며 불만을 표시했다.

배리의 공개 비판은 과연 합당한 것인가. 나는, 피터팬 동상이 처음

런던 시민들이 간밤에 세
워진 피터팬 동상을 신기
한 듯 바라보고 있다.

세상 사람들과 만난 이른 아침에 피터팬
동상을 찾아가기로 했다. 켄싱턴 가든에
들어서면 오른편에 공원 안내판이 보이
고 아담한 꽃밭이 나타난다. 이탈리아
정원이다. '긴 호수'를 따라 작은 오솔길
이 이어져 있는데 '긴 호수'에는 각종 수
상식물과 수많은 종류의 조류들이 서식
한다. 오솔길은 일부 구간에서 나무로
뒤덮여 있어 깊은 숲속을 걷는 것 같다.
숲 향기가 코를 찌른다. 5분쯤 걷다 보면
피터팬 동상이 나타난다. 기단은 토끼,
새, 요정 등이 뒤엉켜 있는 모양새고, 그
위에 피터팬이 서 있다. 피터팬 동상이
놓여 있는 위치는 기막히게 좋다. 하지
만 조형에 조예가 없는 사람이 봐도 뭔가 빠진 듯한, 가벼운 느낌이 든
다. 특히 피터팬의 얼굴을 보면 그냥 순진무구한 어린아이의 얼굴이
다. 어린아이의 얼굴에 숨겨져 있는 어른의 모습은 찾아보기 힘들다.
배리가 이 동상에 불만을 터뜨린 이유를 충분히 이해할 수 있었다. 당
대의 조각가 프램턴이 《피터팬》의 메시지를 제대로 이해하지 못했다
는 증거이다.

　이즈음 배리는 부인 매리의 불륜 사실을 알게 되었다. 배리는 즉각
이혼소송을 제기했고, 두 사람의 이혼재판은 스캔들로 비화되었다.
두 사람이 헤어지게 된 근원적인 이유는 어디에 있을까.

　먼저 배리의 성적 능력에 관한 논란이다. 배리가 발기부전이라는
루머는 평생 동안 끊이지 않았다. 일부에서는 〈피터팬〉의 부제 '자

맞은편 켄싱턴 가든의
피터팬 동상

라지 않는 소년'을 빗대어 배리를 '설 수 없는 소년'이라고 비아냥거렸다. 물론 확실한 것은 알 수 없다. 매리는 훗날 친구에게 결혼 초기 남편과 정상적인 부부관계를 즐겼다고 털어놓았다. 분명한 사실은 결혼생활에서 아이를 갖지 못했다는 점이다.

배리는 1909년 말, 베이스워터 로를 떠나 아델피 테라스의 새 아파트로 이사했다. 아델피 테라스 10번지에는 조지 버나드 쇼가 살고 있었다. 당대의 두 극작가는 우연히 한 동네에 살게 되었고 작업도 같이 하게 된다(현재 아델피 테라스는 2차대전을 겪으며 아예 길 이름이 없어져 버렸다).

이즈음 데이비스 부인이 중병에 걸려 사망했다. 그녀의 유언장은 사망하고 나서 7개월 뒤에 발견되었다. "캠덴 힐 스퀘어 23번지는 사랑하는 아이들과 아이들을 돌봐줄 제임스 배리에 귀속한다. (……) 어머니와 제임스 배리와 기(Guy)와 크롬프턴이 아이들의 피신탁인과 보호자가 되기를 바란다. 나는 제임스 배리가 최선을 다해줄 것을 알고 있다."

그녀 나이 불과 마흔네 살. 데이비스 부인이 숨졌을 때 장남 조지는 열일곱 살이었다. 조지를 비롯한 5형제는 배리를 신뢰했고 존경했다. 5형제는 배리를 "짐 아저씨(Uncle Jim)"라 불렀고, 배리는 아이들을 "내 아이들(my boys)"이라 불렀다.

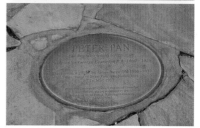

아델피 테라스 아파트의
서재에 서 있는 제임스
배리

　조지는 이튼 컬리지의 상급생이었고, 셋째 피터는 어머니가 죽기
직전 이튼 컬리지로부터 합격통지서를 받아놓고 있었다. 피터는 어머
니 장례식을 치른 뒤 이튼 컬리지에서 꿈에 부푼 학교생활을 시작했
다. 그러나 피터에게 전혀 예상치 못한 일이 기다리고 있었다. 첫날부
터 피터는 '진짜 피터팬'으로 학생들에게 괴롭힘을 당하기 시작했다.
이 때문에 피터는 자신을 '피터팬'으로 부르는 것을 극도로 혐오하게
되었다. 이런 상황에서도 피터는 이튼 컬리지에서도 두각을 나타냈고
최우수 에세이상을 수상하기도 했다.

　조지, 잭, 마이클, 니코도 사정은 비슷했다. 언론에서는 5형제가 무
슨 일을 할 때마다 "피터팬, ~하다"라고 제목을 뽑았다. 피터는 '피터
팬'과 이름이 같다는 이유로 5형제 중에서 특히 많은 관심을 받았고,
그만큼 스트레스가 컸다.

1914년, 영국이 독일에 선전포고를 하면서 1차대전은 배리와 데이비스 5형제의 삶에 깊숙이 파고들었다. 케임브리지 대학을 다니고 있던 조지는 입대해 서부전선으로 나갔다. 피터 역시 군에 자원해 전선으로 나갔다.

배리는 전선에 나간 조지와 피터에게 많은 편지를 보냈다. 배리가 보낸 편지를 보면 아들을 전장에 보낸 아버지의 마음이 느껴진다. 프랑스의 최전선에서 독일군과 싸우고 있던 조지 역시 틈나는 대로 배리에게 답장을 썼다. 그러나 조지는 독일군의 총을 맞고 전사하고 말았다. 배리의 양자인 조지가 전사했다는 소식은 영국 언론에 크게 보도되었다. 왕과 여왕도 조전을 보내 배리를 위로했다. 배리는 많은 편지를 받았는데, 그 중에는 조지가 죽기 전날인 3월 14일 밤에 쓴 편지도 있었다. 조지는 편지 끝에 "며칠 후에 우리는 참호에서 나가게 될 것입니다"라고 썼다.

이튼 컬리지 재학 시절의 마이클. 오른쪽은 군사훈련을 받는 도중에 찍은 사진

1917년, 잭은 에딘버러 항에 기항 중에 스코틀랜드 출신의 제랄딘 깁을 만나게 된다. 두 사람은 같은 해 9월 결혼했다. 마이클도 형들처럼 이튼 컬리지에 진학했다. 모든 면에서 두드러지는 학생이었던 마이클은 교내 신문《이튼 컬리지 크로니클》의 공동 편집장으로 활동했다. 배리는 이를 무척 자랑스러워했고, 이 신문에 정기 칼럼을 기고하기도 했다.

마이클은 이튼 컬리지를 졸업한

마이클의 익사사건을
다룬 신문 기사

뒤 옥스퍼드 대학에 진학했다. 마이클은 배리와의 관계를 어떻게 설정해야 될지를 놓고 고민하고 갈등했다. 친구들 중에는 배리가 "건강하지 못한 키 작은 남자"라며 마이클에게 이상하고 병적인 천재와 함께 사는 것보다 가난하더라도 독립해 사는 것이 낫다고 말하는 이도 있었다.

1921년 5월 19일 목요일 오후 6시가 넘은 시각, 배리는 서재에 홀로 남아 마이클에게 보내는 편지를 썼다. 편지를 부치려고 막 아파트를 나가려는 순간 신문기자와 마주쳤다. 기자는 배리에게 익사 사고와 관련된 사실을 취재하려고 왔던 것이다. 마이클은 친구와 스탠포드 풀의 템즈강에서 목욕을 하다 실종되었다. 배리는 마이클이 수영을 전혀 하지 못한다는 것을 알고 있었다.

런던의 모든 신문은 이 소식을 1면에 다루었다. 《이브닝 스탠다드》는 또다시 상투적인 제목을 뽑았다. "피터팬의 비극, 배리 경 양아들을 잃다." 마이클의 한 친구는 조사(弔詞)에서 "마이클이 살아 있었다면 그의 세대에서 가장 뛰어난 사람이 되었을 것이다"라고 썼다.

1926년에는 니코가 결혼했고, 피터는 1931년에 결혼했다. 배리는 피터의 결혼 발표를 접하고 나서 "오랫동안 기다려 온 소식이다. 이제 내 임무는 끝났고 긴 여정도 끝났다"고 친구에게 편지를 썼다. 이제 아델피 테라스 하우스에는 배리만 혼자 남게 되었다. 니코가 딸 로라를 낳았을 때 배리는 로라의 탄생을 누구보다 기뻐했다. 아이들이 다 분가한 뒤 고적함을 달래기 위해 배리는 자택으로 친구들을 초대하는 일이 많아졌다. 찰리 채플린, 매리 픽포드, 캔터배리 주교 등을 초대해 즐거운 시간을 보내기도 했다.

죽는 순간까지 어린이의 친구로 남다

배리가 르웰린 데이비스 가족을 만나지 않았다면《피터팬》은 세상에 태어나지 못했을 것이다. 피터 데이비스가 진짜 피터팬일까? 배리는 피터팬이 다섯 소년의 합성이라고 말했다. 다섯 소년은 피터팬이라는 인물을 창조하는 것뿐만 아니라《잃어버린 소년들(Lost Boys)》에도 깊은 영향을 주었다.

작가와 예술가에게는 마르지 않는 영감의 샘이 필요하다. 화가 클림트와 피카소, 소설가 헤밍웨이, 배우 겸 감독 찰리 채플린 등은 여성에게서 영감의 원천을 찾았다. 클림트, 피카소, 헤밍웨이, 채플린 곁에는 수많은 여인이 머무르며 영감과 에너지를 주었다.

배리는 이 점에서 매우 특별한 경우였다. 배리는 여성에게 관심이 없었다. 소문대로 발기부전 때문이었는지도 모른다. 분명한 사실은 성적 장애가 있었고, 이것이 여성에 대한 관심을 가로막은 것으로 보인다. 그는 결혼생활 초기를 제외하고는 섹스리스로 살았다. 배리는 이성에 대한 사랑보다는 어린이들에 대한 무조건적인 헌신과 사랑에서 창작의 에너지를 공급받았다.

배리의 어린이 사랑이 어느 정도인지를 단적으로 보여주는 사례가 있다. 배리는 1929년《피터팬》의 저작권을 국립어린이병원 '그레이트 오몬드 스트리트 병원'에 양도했다. 《피터팬》의 저작권은 그 자체가 천문학적인 재산이다. 인류가 멸종하지 않는 한《피터팬》은 돈을 벌게 되어 있다. 그 돈이 고스란히 병원 운영비로 쓰인다. 물론 배리는 유산

그레이트 오몬드
스트리트 어린이병원

을 물려줄 배우자도 자녀도 없었다. 배리는 저작권 양도를 생전에 결
정했다. 이것은 결코 쉬운 일이 아니다. 디즈니랜드에서 만든 애니메
이션 〈피터팬〉을 보면 영화가 시작되기 직전 이 사실이 자막으로 나
온다.

나는 무작정 '그레이트 오몬드 스트리트 병원'을 가보기로 했다. 영
원히 지속되는 기부를 받은 국립어린이병원에 가면 뭔가 배리와 《피
터팬》에 대한 감사의 표시가 있을 것이라는 확신이 있어서였다. 지하
철 피카딜리 라인을 타고 러셀 스퀘어 역에서 내렸다. 길포드 가를 거
쳐 그레이트 오몬드 가로 꺾어지니 저 멀리서 휠체어를 밀고 있는 사
람들이 보인다. 국립어린이병원이었다.

휠체어에는 불치병을 앓고 있는 어린이들이 타고 있었다. 한 소년
은 머리를 가누지도 못한 채 침을 흘리고 있었다. 무슬림 부모가 미는
휠체어에 탄 소녀는 뼈만 남은 상태로 몹시 뒤틀려 있었다. 희귀병은
영국에서도 예외가 없었다.

내가 이곳을 찾았을 때 병원은 한창 리노베이션 공사 중이었다. 병원 안내원에게 물어보니 기념물이 정문 옆에 있다고 알려주었다. 정문 옆 작은 공간에 '피터팬'이 있었다. 병원 측은 정문 옆에 작은 동산을 만들어 그곳에 피터팬 동상과 요정 팅커벨을 비롯한 등장인물을 배치해 놓았다. 이 피터팬을 보면서 나는 배리가 생전에 이 작품을 보았다면 대단히 흡족해 했을 것이라는 생각을 해보았다. 어른 같은 아이의 얼굴! 피터팬은 왼발을 땅에 딛고 막 도약하려는 몸짓을 하고 있다. 요정 팅커벨은 왼손 검지에 살포시 앉아 있다. 피터팬 동상을 측면에서 보면 아직 살이 붙지 않은 미소년의 등허

어린이병원 앞의 피터팬 기념 동상

리가 사실적으로 표현되어 있다. 피터팬의 표정이 살아 있어 금방이라도 꼬마들을 이끌고 네버랜드를 뛰어다닐 것만 같다.

배리의 어린이 사랑은 이것으로 끝나지 않는다. 켄싱턴 가든에는 놀이동산이 세 곳 있다. 가장 최근에 개장한 놀이동산이 2000년에 문을 연 곳이다. 베이스워터 로와 가까운 이 놀이동산의 이름은 '다이애나 왕세자비 기념놀이동산'이다. 이곳에 최초의 놀이동산을 만드는 데 자금을 지원한 사람이 바로 제임스 배리였다. 이 놀이동산은 《피터팬》에 나오는 네버랜드를 일부분 모방했다. 15미터 높이의 해적선이 있는 작은 만, 통로가 있는 나무 위의 집, 악어가 머리를 살짝 드러내고 있는 인어가 사는 연못 등.

말년의 제임스 배리

이 놀이동산 입장은 무료다. 어린이를 동반하지 않은 어른은 입장이 안된다. 네버랜드가 어린이들의 천국이라는 사실을 상기한다면 그리 서운하지 않을 것이다. 12세 미만의 어린이는 반드시 보호자를 동반해야만 입장이 가능하다. 어른의 눈높이에서 보면 이 놀이동산은《걸리버 여행기》의 소인국에 와 있다는 느낌도 들 것이다.

배리는 작가로서 디킨스 못지않은 영예를 누렸다. 모교인 에딘버러 대학의 명예총장이 되었고, 6개 도시로부터 명예시민증을 받았고, 공로훈장의 수상자가 되었다. 사회적 지위에 걸맞게 그는 사회적 책임도 소홀히 하지 않았다. 정치적 이슈에 목소리를 내는 것을 주저하지 않았다. 특히 히틀러에 대한 분명한 입장을 밝혔다. 히틀러에 대한 반대 목소리를 내면서 윈스턴 처칠, 스탠리 볼드윈 등을 위한 만찬 파티를 주최하기도 했다.

배리의 육신은 나날이 쇠잔해져 갔지만 어린이들과의 우정은 퇴색되지 않았다. 마가렛 공주는 "제임스 경은 나의 위대한 친구이고 나는 그의 위대한 친구"라고 공표하기도 했다.

배리의 마지막 작품은《소년 데이비드》. 표면상으로는 성경에 나오는 젊은 왕 다윗에 관한 이야기지만 연극은 아주 오래된 주제의 반향이었다. 어린 시절에 죽은 소년 데이비드,《작은 흰 새》의 소년 데이비드, 잃어버린 소년 피터팬이었다.

1937년 6월 19일 배리는 아델피 테라스 집에서 눈을 감았다. 향년 77세. 비서 신시아 애스퀴스, 피터와 니코가 배리의 마지막을 지켰다. 배리는 자기 명의의 부동산을 19년 동안 비서로 일한 신시아 애스퀴스에게 물려주었다. 신시아 애스퀴스는 애스퀴스 전 수상의 며느리였다. 니코는 "짐 아저씨는 지쳐 있었고 돌아가고 싶어했다"고 말했다. 배리의 시신은 유언대로 스코틀랜드 키리무어로 운구되어 부모와 형제 곁에 묻혔다. 현재 고향의 브레킨 로 4번지 생가에는 배리 박물관이 꾸며졌다.

배리는 상처로 가득한 어린 시절을 보냈고, 결혼을 했지만 성적 장애가 있어 아이를 두지 못했다. 결혼생활은 행복하지 못했다. 비록 극작가로 성공한 배리였지만 이런 신체적·정신적 조건들은 상황에 따라 한 인간의 내면을 황폐하게 만들 수도 있었다. 그러나 배리는 극작가로서 자신의 불행을 불멸의 예술로 승화시켰다. 또한 사회적 인간으로서 어린이들로부터 받은 모든 영광을 어린이들에게 아낌없이 돌려주고 그렇게 먼 여행을 떠났다.

버지니아 울프,
선구적 페미니스트

1882 ~ 1941

버지니아의 마지막 모습

버지니아 울프라는 영국 작가는 언제 우리나라에 알려지게 되었을까? 한국인에게 버지니아 울프를 알게 하는 데 큰 공을 세운 사람은 시인 박인환이다. 그가 1950년에 버지니아 울프의 죽음을 애도하며 만가(輓歌) 형식으로 발표한 〈목마와 숙녀〉. 가수 박인희의 시낭송으로 더 유명해진 〈목마와 숙녀〉의 일부분을 들여다보자.

"한잔의 술을 마시고 / 우리는 버지니아 울프의 생애와 / 목마를 타고 떠난 숙녀의 옷자락을 이야기한다 (……) 모든 것이 떠나든 죽든 / 그저 가슴에 남은 희미한 의식을 붙잡고 / 우리는 버지니아 울프의 서러운 이야기를 들어야 한다."

이 시는 중대한 사실을 함축하고 있다. 20세기 위대한 영국 작가의 삶은 "버지니아 울프의 서러운 이야기를 들어야 한다"는 한 문장 속에 녹아 있다. 사람의 인생은 결국 타인에게 한 문장으로 남게 마련인데, 버지니아 울프는 서러운 이야기의 주인공으로 각인되었다.

〈목마와 숙녀〉 다음으로 그의 이름을 각인시켜 준 것은 1962년에 공연된 에드워드 올비의 희곡 《누가 버지니아 울프를 두려워하

랴?(Who's afraid of Virginia Woolf?)》일 것이다. 올비의 출세작인 이 희곡은 연극으로도 성공했지만 영화로도 만들어져 역시 큰 성공을 거두었다. 2011년 3월 사망한 엘리자베스 테일러가 남편 리처드 버튼과 이 영화에 출연해 오스카상을 받았다. 물론 희곡의 제목에 들어간 '버지니아 울프'는 우리가 지금 만나려 하는 '서러운 이야기'의 주인공이 아니다. 평론가들의 말을 종합하면, 버지니아 울프는 냉혹한 현실을 상징한다.

1941년 3월 28일 늦은 아침, 버지니아는 서섹스 지방 로드멜의 우즈강 제방을 마지막으로 걸었다. 우즈강은 강이라기보다 개천에 가깝다. 강은 폭이 좁다 보니 태양의 들숨과 날숨에 민감하게 반응한다. 상처받은 고결한 영혼의 마지막 의탁을 말없이 보듬어준 우즈강.

영국의 3월은 뼛속 깊이 쌀쌀하다. 겨울은 아직 깊은 산속으로 후퇴하지 않은 채 들판을 바람과 함께 서성거리고 있었다. 그날 우즈강은 바닷물이 들어오는 만조로 제방 바로 밑까지 물살이 밀려들어 왔

우즈강으로 가는 산책길. 런던에서 온 순례자들이 우즈강을 향해 걷고 있다.

다. 그는 오버코트를 입고 둑을 걷고 있었다.

나는 그 우즈강 제방을 걸어보고 싶었다. 우즈강 둑에는 역시 바람이 거세게 불었다. 한 남자의 아내이자 20세기 문학사에서 가장 선구적인 작가로 칭송받던 쉰아홉 살의 여성도 이곳에서 저 강물을 바라보았다. 강물은 인생처럼 참으로 빠르게 흘러가고 있었다. 그가 남편에게 남긴 마지막 편지를 떠올려본다.

"당신이 청혼했을 때 저는 두 가지를 요구했습니다. 보통 사람 같은 부부생활을 하지 않겠다는 것과 작가의 길을 가려는 나를 위해 공무원 생활을 포기해 달라는 것. 세상에 이런 요구를 하는 여자에게 자신의 성적 욕망을 버리고 사회적 지위를 팽개치고 오겠다는 사람은 레너드, 당신 이외엔 없을 거예요. 고통스런 과거를 끊임없이 반추하며 제가 작품을 쓰는 동안 당신은 출판사를 차려 묵묵히 제 후원자 노릇을 해주었지요.

제 생애의 불행은 여섯 살 때부터 시작됩니다. 큰 의붓오빠인 제럴

우즈강 제방

드 덕워스가 어머니 없는 틈을 타 저한테 못된 짓을 하는 것이었어요. 자기와는 신체 구조가 다른 저를 세밀히 관찰하고 만지고. 그 시절부터 저는 몸에 대한 혐오감과 수치심을 갖게 되었습니다. 나아가 성에 관련된 것이라면 무조건 배척하는 마음도 갖게 되었지요. 불행은 설상가상으로 몰아닥쳤죠. 어머니는 이웃사람을 간병하다 그만 전염이 되어 제가 열세 살 되던 해에 돌아가셨습니다. 저를 잘 이해해 주던 이복언니 스텔라도 2년 뒤에 죽었는데 바로 그때 아버지마저 암에 걸려 몸져 눕고 말았습니다.

그런데 이번에는 사춘기를 막 넘긴 작은 의붓오빠 조지 덕워스가 저한테 갖은 못된 짓을 하는 것이었어요. 그러지 않아도 의지할 데 없어 심리적으로 불안했던 저는 무방비상태에서 그런 일을 수시로 당하고는 거의 미칠 지경이 되었습니다. 그 당시 집에 책이 없었더라면 전 어떻게 되었을까요? 아버지의 전처처럼 죽지 않았을까요?"

버지니아 울프는 이미 소설가이자 에세이스트로서 최고의 명성을 누리고 있었다. 소설 《댈러웨이 부인》, 《등대로》, 《올란도》 등 9편의 소설과 에세이 《자기만의 방》, 《여성의 직업》 등. 세속적인 눈으로 보면 엄청난 성공을 이룬 버지니아! 그는 왜 그날 아침 호주머니에 돌을 집어넣고 강물과 깊고 깊은 포옹을 해야만 했을까.

버지니아가 남편에게 마지막으로 남긴 편지를 보면 몇 가지 궁금증이 생긴다. 그에게 의붓오빠가 있었다는, 복잡한 가족관계를 풀어나가는 것이 그의 삶을 이해하는 첫번째 관문이다.

유복한 유년시절

버지니아 울프는 1882년 1월 25일 런던 한복판인 하이드파크 게이트 22번지에서 태어났다. 어릴 적 이름은 애들린 버지니아 스테픈. 하이드파크 게이트는 켄싱턴 가든과 인접한 고급 주택가로, 그때나 지금이나 조용하고 품격이 있다.

아버지와 어머니는 재혼 부부였다. 아버지 레슬리 스테픈은 소설가 새커리의 딸인 미니 새커리와 결혼해 딸 로라를 두었다. 그런데 미니가 둘째 아이를 낳다가 죽고 만다. 로라는 정신지체아였다. 어머니 줄리아 스테픈은 남편을 불의의 사고로 잃었다. 줄리아는 전 남편과의 사이에 딸 스텔라, 아들 제럴드와 조지 3남매를 두고 있었다.

레슬리와 줄리아의 결합으로 모두 네 명의 자녀가 한 집에 살게 되었다. 로라는 정신병원에 수용되기 전까지 함께 살았다. 여기에 부부는 다시 네 명의 아이를 낳았다. 큰아들 토비, 딸 바네사와 버지니아, 막내아들 아드리안. 레슬리 집안은 10명의 대가족이 되었다.

레슬리는 런던의 저명한 문인으로《대영 전기 사전》의 책임편집자였다. 동시에 역사학자, 비평가, 전기작가, 산악인 등의 직함을 갖고 있었다. 사회적으로 존경받는 인물이었지만 집에만 오면 손 하나 까딱하지 않고 모든 것을 아내에게 의지하는 유아적 특성을 보였다. 아무리 가정부를 두고 있어도 8남매를 돌보는 일은 보통의 정신력으로 불가능한 일이다. 더군다나 줄리아는 틈틈이 봉사활동까지 했다. 어머니는 대단한 미인으로 당대의 최고 화가와 초기 사진작가의 모델로 활동했다.

유명한 아버지를 둔 덕분에 아이들은 빅토리아 시대의 문학적 분위기가 충만한 환경에서 성장했다. 집안은 작은 도서관이라 불릴 정도로 책이 많았다. 복잡한 대가족이었지만 버지니아의 유년시절은 행복한 듯했다. 표면적으로 보면 말이다.

유년기의 행복을 수놓은 두 축은 하이드파크 게이트 22번지와 매년 여름 온 가족이 휴가를 보낸 콘월 지방의 세인트 아이브즈 해안이었다. 부부는 여름이 되면 아이들을 데리고 여름별장인 세인트 아이브즈 해안의 톨랜드하우스에서 휴가를 보냈다. 버지니아는 열세 살 때까지 이곳에서 즐거운 시간을 보냈다. 이곳에서 보낸 행복한 시간들은 버지니아의 무의식에 각인되었다. 어머니가 사망한 이후로 다시는 이 별장에 가지 못했다.

버지니아가 유년시절을 보낸 하이드파크 게이트 22번지를 찾아가 보자. 하이드파크는 켄싱턴 가든과 맞붙어 있는 공원이다. 런던의 고급 주택가인 하이드파크 게이트에는 각국 대사관저가 밀집해 있다. 어느 나라나 대사관저가 모여 있는 곳은 최상급 주택가이면서 중심가와의 접근성이 뛰어나다. 하이드파크 게이트는 짧은 골목길이어서 집에서 나와 몇 걸음 옮기면 켄싱턴 가든이다.

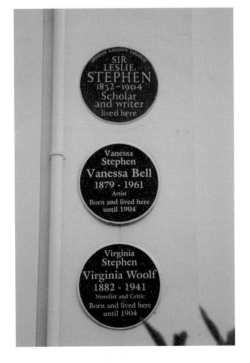

버지니아 울프의
생가에 붙어 있는
세 개의 플라크

하이드파크 게이트에 들어섰을 때 나는 잇따라 세 개의 블루 플라크를 보았다. 그때마다 나는 그것이 버지니아 울프와 관련된 것이라고 성급하게 판단했다. 고급 주택가에 버지니아 말고도 다른 명사들이 살았으리라는 생각은 미처 하지 못한 것이다.

22번지는 하이드파크 게이트의 막다른 곳에 있었다. 집 앞에 섰을 때 나는 깜짝 놀라고 말았다. 한 집에 블루 플라크가 세 개나 나란히 붙어 있는 것이 아닌가. 맨 위에 레슬리 스테픈, 그 아래에 바네사 벨과 버지니아 울프. 버지니아의 언니 바네사는 화가로 이름을 떨쳤다.

죽어서 이름 한 줄을 남기는 것이 성공한 인생의 증표라면 스테픈 가문은 영국 현대사에서 크게 성공한 집안이 아닐 수 없다. 두 딸에게 주어진 외형적 조건은 빅토리아 시대에 더할 나위 없는 축복이었다. 두 딸은 지성인 아버지 밑에서 유복한 유년시절을 보냈다. 집 외벽에 붙어 있는 아버지와 두 딸의 이름을 보면서 생각했다. 저 집안에 수십 년의 세월 동안 얼마나 많은 이야기들이 농축되어 있을 것인가. 현관문을 열면 봉인된 희로애락의 사연들이 일제히 아우성을 칠 것만 같았다.

평생의 트라우마

1895년 어머니 줄리아가 과로사로 쓰러져 끝내 일어나지 못했다. 버지니아가 열세 살 때였다. 가장 감수성이 예민한 시기에 예고 없이 닥친 어머니의 죽음으로 버지니아는 큰 충격을 받아 2년 가까이 정신질환을 앓는다.

레슬리는 부인이 죽자 아내의 빈자리를 의붓딸 스텔라에게 맡겼다. 아버지는 딸을 독차지한 것도 모자라 스텔라가 남자를 사귀는 것도 못마땅해 했다. 스텔라는 어렵게 결혼했지만 임신중독에 걸려 사망하고 말았다. 레슬리는 이번에는 바네사에게 스텔라가 맡았던 역할을 강요했다. 버지니아는 그 역할이 바네사를 거쳐 자기에게 돌아올까 두려움에 떨었다. 독재적인 아버지와 희생을 강요당하는 딸! 집밖에서는 존경받는 인물이었던 아버지가 집안에서는 딸들에게 이 같은 파쇼적 행태를 보였다.

버지니아는 그런 아버지를 증오하면서도 그의 언행을 관찰했고, 아버지의 이중적인 모습을 빅토리아 시대를 산 아버지들의 독재와 위선으로 일반화시켰다. 아들에게는 무제한적 투자를 하면서도 딸에게는 현모양처를 강요하며 교육 기회를 박탈한 빅토리아 시대 아버지의 전형이 바로 레슬리 스테픈이었다.

레슬리는 아들은 모두 케임브리지 대학에 보냈지만 딸들은 대학에 보내지 않았다. 버지니아는 아버지의 이중적 의식구조가 여성의 경제적·정신적 독립을 막아 남성에게 종속시키려는 사회구조와 맞물려 있다는 사실을 깨달았다. 그는 아버지의 모습을 통해 페미니즘의 기본 골격을 세웠다.

이것은 버지니아가 아버지를 무조건 증오했다는 뜻은 아니다. 버지니아는 레슬리의 차가운 지성과 작가적 재능을 물려받았다. 딸은 아버지처럼 지적 탐구를 좋아했고 자연 속에서 산책하는 것을 좋아했

언니인 바네사 벨이 그린
버지니아 울프의 모습

다. 무엇보다 아버지의 방대한 서재는 대학 교육 기회를 박탈당한 버지니아에게는 독학의 보고(寶庫)였다. 딸의 교육 기회를 막은 아버지가 딸에게 자신의 서재를 개방해 대학 교육 이상의 기회를 제공한 아이러니! 아버지의 서재는 대영박물관의 라운드 열람실과 함께 버지니아에게 지적 자양분을 공급하는 광대한 저수지가 되었다.

집안에서 버지니아에게 의지가 되는 사람은 언니 바네사뿐이었다. 바네사는 화가의 꿈을 키웠고, 버지니아는 작가가 되고 싶었다. 자매는 가족으로서, 예술적 동지로서 긴밀한

유대를 평생 동안 지속했다. 훗날 화가로 성공한 바네사는 버지니아의 초상화를 비롯해 소설책의 표지 그림을 그렸고, 집안의 인테리어를 맡기도 했다.

어머니가 사망한 지 9년 뒤인 1904년, 이번에는 아버지가 세상을 떠났다. 아버지의 죽음으로 인해 버지니아는 놀라울 정도로 쇠약해졌다. 결국 그는 잠깐 동안 병원 신세를 져야 했다. 신경쇠약 증세와 발작적인 우울증은 부모의 죽음 때문은 아니었다. 사춘기에 접어든 이복오빠들이 부모가 집을 비운 사이에 버지니아를 상습적으로 성추행했던 것이다.

어머니 줄리아는 버지니아가 지속적인 성추행을 당했다는 사실을 까마득히 몰랐다. 어머니는 집안에서 너무 할일이 많았기 때문에 딸들에게 사사로운 관심을 기울일 여유가 없었다. 버지니아는 생애를 통틀어 발작적인 조울증과 합병증에 시달렸다. 어린 시절 당한 성적 학대가 결정적인 원인이었다.

버지니아는 수많은 연구자를 탄생시켰다. 이들 연구자들 중에서 루이즈 드살보는 이 부분을 집중 조명해 《버지니아 울프 — 어린 시절의 성적 학대가 삶과 작품에 미친 충격》이라는 책을 썼다. 드살보는 이 책에서 버지니아가 유복한 가정에서 행복한 어린 시절을 보냈다는 것은 사실을 왜곡하는 것이라고 분석했다.

버지니아가 자신이 받은 성적 학대를 무의식에서 의식의 표층으로 드러내기 시작한 것은 죽기 2년 전이다. 자전적 에세이 《과거의 스케치》를 통해서였다. 그 전까지 가족은 물론이고 그 누구도 버지니아의 트라우마를 알지 못했다.

버지니아가 22번지 집에 살 때 아버지와 찍은 사진이 있다. 처녀 시절 버지니아의 모습에는 그늘이 있었다. 누구나 부러워할 만큼 유복한 환경에서 자란 버지니아에게 드리운 깊고 깊은 그늘이!

블룸스버리 그룹의 탄생

아버지의 죽음은 바네사와 버지니아에게, 충격과 슬픔이면서 한편으로는 해방의 기쁨을 안겨주었다. 자매는 이제 복잡한 집안의 무게를 짊어질 필요가 없어졌다. 드디어 아버지의 억압에서 해방된 것이다. 자매는 더 이상 하이드파크 게이트에서 살고 싶지 않았다. 아버지에 대한 기억이 배어 있지 않은, 성 학대가 떠올려지지 않는 낯선 장소로 옮겨야 했다. 바네사의 결단으로 4남매는 켄싱턴을 떠나 고든 스퀘어가 있는 블룸스버리 지역으로 이사했다. 대영박물관이 있는 블룸스버리 지역은 피카딜리 서커스나 옥스퍼드 서커스와 가까운 중심가이다.

새로운 공간에서 자매는 마음껏 날개를 폈다. 아무런 간섭도 받지 않은 상태에서 억눌린 욕망을 마음 놓고 드러냈다. 대영박물관이 걸어서 15분 거리에 있었다. 버지니아는 대영박물관 라운드 열람실을 자기 집처럼 드나들며 책을 읽었다.

고든 스퀘어는 지리적인 면에서도 탁월한 선택이었다. 고든 스퀘어는 직사각형의 아담한 공원이다. 공원 한가운데 수령이 오래된 큰 나무들이 여러 그루 서 있어 적당한 그늘을 만들고 있었다. 잔디밭에 누워 책이나 신문을 읽는 사람들, 많지도 적지도 않은 적절한 수의 벤치들, 아이 손을 잡고 산책하는 여성들, 개를 데리고 산책하는 남자들. 번잡한 런던에서 잠시 휴식을 취하기에 그만이다.

공원 정문에 고든 스퀘어 안내판이 서 있다. 공원 주변에 살던 여러 분야의 천재들이 어떻게 블룸스버리 그룹을 만들었고, 이 그룹이 20세

기 초중반 영국 문화사에 어떤 영향을 미쳤는지를 설명하는 내용이
다. 사진은 큰 사진 한 장과 작은 사진 석 장이 보인다. 큰 사진은 버지
니아 울프와 작가 리튼 스트레이치의 1923년 모습이다. 블룸스버리
그룹의 중심에는 스트레이치 가문이 자리잡고 있다. 스트레이치 가문
사람들은 41번지에서 살았다. 작은 사진 석 장에는 각각 화가인 덩컨
그랜트와 경제학자 존 케인즈, 미술평론가 클라이브 벨과 화가 바네사
벨의 모습 등이 담겨 있다.

공원을 나와 고든 스퀘어 46번지의 버지니아 집으로 갔다. 그런데
생각지 못한 이름이 먼저 인사를 했다. 경제학자 존 케인즈의 플라크
였다. 케인즈는 경제학 분야의 고전인 《고용·이자 및 화폐의 일반이
론》,《젊은 날의 신념》 등을 쓴 인물이다. 케인즈는 버지니아 가족들
이 46번지에서 이사간 직후인 1916년에 이곳에 이사와 죽을 때까지
살았다.

이 집에서 바네사는 직접 그린 그림으로 집안을 장식했다. 집안은

고든 스퀘어 가든에
있는 안내문

마치 미술관처럼 변했다. 바네사와 버지니아는 케임브리지 대학에 다니는 남동생 토비가 집안에서 청년 모임을 갖도록 주선했다. 토비를 통해 버지니아는 리튼 스트레이치, 클라이브 벨, 색슨 터너, E. M. 포스터, 레너드 울프, 존 케인즈 등을 알게 되었다. 대학 교육을 받지 못한 바네사와 버지니아는 대학생들의 토론 모임을 통해 지적 자극을 받았다. 블룸스버리 그룹의 시초였다.

블룸스버리 그룹은 특정한 목적을 지향하는 조직도, 이념을 추구하는 단체도 아니었다. 빅토리아 시대의 관습과 인습을 타파하는 일이라면 모든 것이 허용되는 토론 모임이었다. 블룸스버리 그룹은 표현의 자유를 최고의 가치로 여겼고 반제국주의, 동성애 등에 대해 거침없이 토론했다.

블룸스버리 그룹의 플라크

블룸스버리 그룹이 떠받든 인물이 딱 한 사람 있었다. '부모 세대가 공유했던 모든 빅토리아적 관습과 인습을 타파하는 일'에 그 답이 있다. 바로 지그문트 프로이트였다. 빈에 거주하는 프로이트 박사의 저서 《꿈의 해석》과 정신분석학 이론이 이미 런던의 지식인 그룹에 스며들었다. 프로이트가 발견한 무의식의 개념을 젊은 천재들은 혁명적 이론으로 받아들였다. 블룸스버리 그룹은 프로이트의 이론을 영어권 국가에 전파하기 위해 그의 저작을 번역하는 작업에 전념했다. 케인즈 역시《고용·이자 및 화폐의 일반이론》의 모티브를 프로이트의 화폐에 대한 분석에서 얻었다. 케인즈가 세운 행동경제학의 거대한 뿌리는 바로 프로이트의 정신과 사상에 기초를 두고 있었다.

고든 스퀘어로 이사한 것은 버지니아 인생에서 최대의 사건이라 할 만하다. 인생을 살다 보면 비극적 슬픔이 세월의 바람과 서리를 맞은 뒤에 전혀 생각지 못한 엄청난 성취를 가져다주는 경우가 종종 있다. 아버지가 오래 살았더라면 버지니아가 켄싱턴을 떠날 수 있었을까? 블룸스버리 그룹의 일원이 될 수 있었을까? 유대인 남자를 남편으로 맞이할 수 있었을까?

새로운 보금자리에서 버지니아는 무조건 글을 쓰기 시작했다. 그는 작가 수업을 받은 일이 없었다. 산문, 서평, 평론, 여행기, 소설 등을 닥치는 대로 읽으며 혼자 습작했다.

1905년, 그의 나이 스물세 살 때 버지니아라는 여성의 이름이 신문에 등장했다. 그 무대는 대영제국 최고의 권위지인《타임스》. 브론테 가문의 고향인 '하워스' 기행문이 신문의 문예부록에 실렸다. 그가 에세이스트로서의 데뷔작을《폭풍의 언덕》을 쓴 소설가 샬롯 브론테와 관련된 글을 썼다는 것은 중요한 의미를 지닌다. 샬롯 브론테의 아버지 역시 비범한 재능을 가진 딸들을 끝까지 놓아주지 않으려 했다. 버지니아의 역할 모델이 바로 샬롯 브론테였다.

누구한테도 글에 관한 첨삭 지도를 받아본 일이 없는 버지니아. 그는 신문사 편집자로부터 수없이 "다시 쓰라"는 요구를 받았다. 이 과정을 통해 버지니아의 글쓰기 능력은 눈부실 정도로 빠르게 성장했다.

레너드 울프와의 운명적 만남

불행은 아직 끝나지 않았다. 오빠 토비가 그리스 여행에서 장티푸스에 걸려 돌아와 시름시름 앓다가 사망한 것이다. 이 충격에 바네사는 애인 클라이브 벨과 서둘러 결혼식을 올렸다. 언니가 고든 스퀘어 집을 떠나자 걷잡을 수 없는 외로움이 버지니아를 엄습했다. 버지니아는 언니에게 보낸 편지에서 이렇게 썼다. "스물아홉 살이 되었는데 결혼하지 않았다니, 실패야. 아이도 없고, 미치기도 했고, 작가도 아니잖아."

버지니아도 결혼을 하고 싶었지만 남자가 없었다. 스물아홉 살이 될 때까지 남자를 사귀어 본 일도 없었다. 오로지 방에 틀어박혀 읽고 쓰는 일에 몰두했을 뿐이다. 이때 운명적인 남자가 나타났다. 오빠 토비의 대학 친구인 레너드 울프였다. 레너드는 버지니아의 비범함을 눈여겨보고 있었다. 인도 식민지에서 실론 관리를 맡고 있던 레너드

블룸스베리 그룹의 멤버들. 왼쪽부터 바네사, 클라이브, 울프, 케인즈

는 휴가를 받아 런던에 와서 버지니아 집에 들렀고, 그녀에게 청혼했다. 버지니아는 레너드에게 자신은 고독하게 혼자 지낼 사적인 공간과 시간이 많이 필요하다는 아주 특별한 조건을 제시했다. 레너드는 버지니아의 요구를 받아들였고 결혼을 위해 공무원 신분도 포기했다.

바네사가 그린 레너드 울프의 모습

1912년 버지니아와 레너드는 부부의 연을 맺는다. 이렇게 되어 이름이 버지니아 스테픈에서 버지니아 울프가 되었다. 레너드는 유대인이었다. 버지니아 전기작가들은 두 사람의 결혼이 완성되지 않았다고 결론을 내렸다. 두 사람은 성관계가 없었고, 버지니아의 성적 관심이 여성에게 있었다는 것이다.

버지니아가 레너드를 만난 것은 그녀의 인생에서 최고의 선택이었고, 20세기 소설의 역사를 위해서도 보기 드문 행운이었다. 레너드 울프가 아니었다면 어떤 남자가 그런 요구를 받아들일 수 있겠는가. 결혼을 하되 성관계를 포기하라는 요구를 말이다. 버지니아의 비범함을 알아볼 만큼 레너드 역시 비범했을 뿐 아니라 그런 요구를 들어줄 만큼 버지니아를 사랑했다. 버지니아는 남편의 헌신적인 보살핌을 받은 이후 신경쇠약증과 발작 증세가 눈에 띄게 진정되었고 창작에 몰두할 수 있었다.

첫 소설 《출항》이 나온 것은 32세 때였다. 《출항》은 버지니아의 고통스러운 청춘기가 녹아들어 있는 성장소설이다. 비평가로부터 호평을 받은 동시에 대중으로부터도 사랑을 받았다.

울프 부부는 모든 면에서 호흡이 잘 맞았다. 1917년 집 지하실에 인쇄기를 들여놓고 호가스 출판사 현판을 걸었다. 레너드는 호가스 출판사를 통해 버지니아 작품의 대부분을 출간했다. 블룸스버리 그룹이 번역한 프로이트의 저서 상당수도 이 출판사를 통해 출간되었다. 레너드는 출판사를 운영하기 위해 다른 책들도 기획 출판했다. 캐더린 맨스필드, T. S. 엘리엇 등의 시집을 출간했고, 이 시집들이 크게 성공하면서 영국의 유명 출판사 반열에 올라섰다.

취미로 시작한 출판사는 버지니아의 작품 활동에 결정적인 도움을 주었다. 신예 여성작가는 출판사 편집장의 눈치와 간섭 없이 마음 놓고 주제를 선택했고, 그 주제를 쓰고 싶은 문체로 마음대로 요리할 수 있는 환상적인 조건을 갖게 되었다. 이후 버지니아의 모든 소설과 에세이는 호가스 출판사에서 나왔다. 이 점은 매우 중요하다. 왜냐하면 버지니아가 시도하는 도발적인 주제나 의식의 흐름 기법의 소설을 남편의 출판사가 아니었다면 다른 곳에서 쉽게 출간할 수 없었을 것이기 때문이다.

의식의 흐름을 소설에 도입하다

버지니아는 사실주의 형식을 거부하고 의식의 흐름 기법을 선택했다. 사실주의 소설은 버지니아가 태어나서 그 동안 읽은 모든 소설에 나타난 전형적인 기법이었다. 사실주의 기법이란 인간의 모습을 밖에서 보이는 대로 그리는 것을 말한다. 즉 외면적인 부분에 치중하는 것이다. 반대로 의식의 흐름 기법은 겉으로 드러나지 않는 내면적인 부분에 초점을 맞춰 묘사하는 것을 말한다. 의식의 흐름 기법은 당연히 프로이트의 영향이었다.

의식의 흐름에서는 등장인물, 구성 등 전통적인 소설의 구성요소는 무의미해진다. 누구나 의식의 흐름 기법이 구현된 소설을 처음 접하면 당혹스러워진다. 여간해선 잘 읽히지 않는다. 그만큼 우리들이 오랜 세월 사실주의 기법에 익숙해 있다는 방증이다.

의식의 흐름 기법이 본격적으로 등장한 소설은 《등대로》와 《댈러웨이 부인》이다. 이 중 《댈러웨이 부인》은 모더니스트로서의 실험을 완벽하게 성공시킨 작품으로 평가받는다. 소설은 60대의 런던 상류층 부인 댈러웨이가 파티를 준비하기 위해 런던 시내로 꽃을 사러 나가는 장면으로 시작된다. 영문학자 김희정은 저서 《버지니아 울프 — 살아남은 예술가의 초상》에서 《댈러웨이 부인》과 관련해 "이 소설의 주제는 한마디로 억압, 독재, 그리고 젊은이들을 강제로 전쟁터로 끌고 가 죽게 만드는 가부장 문화에 대한 저항"이라고 규정한다.

《등대로》와 《제이콥의 방》의 겉표지. 바네사가 그렸다.

《등대로》는 버지니아의 자전적인 작품이다. 어린 시절의 행복한 기억과 슬픈 이야기가 실타래처럼 얽혀 있는 아이브즈 해안의 여름별장을 배경으로 소설은 전개된다. 《등대로》에서 버지니아는 어머니 줄리아에 대한 그리움과 존경심을 램지 부인을 통해 드러낸다. 버지니아는 자신의 일기에서 《등대로》에 대해 이렇게 말했다.

"나는 이 소설에서 아버지를 완벽하게 묘사할 것이다. 또 어머니, 세인트 아이브즈, 그리고 나의 유년시절을 그려넣을 것이다. 그리고 내가 늘 작품에 담고자 하는 것들, 즉 삶과 죽음을 다룰 것이다. 그러나 작품의 중심은, 배를 타고 앉아 죽어가는 고등어를 짓이기며 '우리는 모두 외롭게 죽어간다'고 읊조리는 아버지이다."

《등대로》는 버지니아가 프로이트의 정신분석학을 공부한 뒤에 쓴 소설이라는 사실에 주목할 필요가 있다. 버지니아는 자신만의 내러티브를 창조했다. 《등대로》는 어린 시절 아버지로부터 당한 차별과 억압의 상처를 치유하는 방법으로 쓰여졌다. 버지니아가 《등대로》를 소설이 아닌 비가(悲歌)로 부르고 싶어했던 이유다. 버지니아는 1928년 11월 28일 일기에 그 사실을 고백한다.

"아버지의 생일이다. (……) 오늘 96세가 되었을 것이다. 우리가 아는 다른 사람들처럼 말이다. 그러나 자비스럽게도 아니다. 그가 살았다면 나는 완전히 내 삶을 끝냈을 것이다. 무슨 일이 일어났을까? 글을 쓰지도 못하고 책도 없었을 것이다. 생각할 수도 없다. 나는 그와 어머니를 매일 생각했다. 그러나 《등대로》를 써서 그들을 내 마음에서 잠재웠다. 이제 그들은 때때로 돌아오지만, 다르게 온다."

버지니아의 에세이 중 가장 유명한 작품은 《자기만의 방》과 《3개의 기니아》이다. 《자기만의 방》은 남성이 장악하고 있는 정치경제적 파워 속에서 여성 작가와 여성 지식인의 고난을 관찰하고 있다. 버지니아가 1928년 10월 케임브리지 대학에서 '여성과 소설'이라는 주제로 강연한 내용을 바탕으로 쓴 에세이다.

"책장 위의 셰익스피어 작품을 바라보면서 그가 살던 시대에서는 어떤 여자도 그의 희곡처럼 훌륭한 작품을 절대로 쓰지 못했을 것이라는 생각을 했습니다. 사실을 파악하기가 너무 힘드니, 상상을 좀 해보겠습니다. 셰익스피어에게 놀라운 재능을 지닌 주디스라는 여동생이 있었다면 어떤 일이 일어났을까요? 대략 그렇게 이야기가 전개될 거라고 생각합니다. 셰익스피어가 살던 시절의 어느 여성이 셰익스피어와 같은 천재성을 지녔다면, 서명도 남기지 않은 채 많은 시를 쓴 무명 시인들은 대개 여성이었을 것이라고 감히 추측해 봅니다."

버지니아의 작품을 읽지 않은 사람일지라도 그가 남긴 몇몇 구절은 수첩에 적어놓고 있을 것이다. 특히 독립적이고 주체적인 인생을 살고 싶어하는 여성인 경우에는 말이다. 그는 《자기만의 방》에서 명언을 남겼다. "여성이 소설을 쓰려 한다면 연간 500파운드의 돈이 있어야 하고 자신의 방을 가져야 한다." 이 말은 자유를 꿈꾸는 세계 여성에게 금언(金言)이 되었다.

T. S. 엘리엇과의 만남

1차 세계대전은 울프 부부의 삶에도 영향을 미쳤다. 영국이 유럽대륙의 전쟁에 참전하면서 런던은 소란스러워졌다. 부부는 복잡한 런던을 벗어나 시골에 거처를 마련했다. 그곳이 서섹스 지방 로드멜의 몽크스하우스였다. 이후 울프 부부는 런던의 고든 스퀘어 집과 로드멜의 몽크스하우스를 오가며 생활했다. 여름철, 부활절, 크리스마스, 봄과 가을이면 로드멜로 내려와 글을 썼다.

버지니아가 몽크스하우스를 좋아했던 결정적인 이유는 집을 나서면 5분 안에 자연이 가슴 가득 들어오기 때문이었다. 이 집은 도로에서 360미터 정도 떨어져 있어, 고립과 은둔을 좋아하는 버지니아에게 딱 맞았다. 울프 부부가 이곳으로 이사올 때, 마을에는 버스가 다니지 않았다. 그래서 조금 큰 마을인 르위스로 가려면 자전거를 이용해야 했다. 런던에서 로드멜에 가려면 빅토리아 역에서 르위스 행 기차를 타야 한다.

1920년대는 버지니아가 인세로 상당한 돈을 벌어들일 때였다. 인세 수입이 생길 때마다 부부는 부엌을 고치는 것을 비롯해 몽크스하우스를 수리하고 넓히는 데 썼다. 레너드는 정원 가꾸기를 좋아했다. 그는 손톱 밑이 까맣게 되도록 흙을 만졌고, 등이 뻣뻣해지도록 풀을 뽑고 나무를 심었다. 그는 또 둥근 연못도 만들었다. 연못 뒤편에는 키가 큰 미루나무를 두 그루 심고 각각에 '레너드'와 '버지니아'라고 이름 붙였다.

버지니아는 깊은 밤 2층에서 쓰거나 생각한 장면들을 큰 소리로 말하곤 하는 버릇이 있었다. 그는 자신에게 수없이 말하고 질문하고, 자신이 이에 대답하곤 했다. 그럴 때마다 집사는 2층 방에 버지니아가 다른 사람들과 함께 있다고 생각했다.

버지니아는 로드멜에서 마음의 평화를 느꼈다. 그에게 로드멜은 드보르자크의 비쇼카 숲과 같은 곳이었다. 그는 로드멜의 매력을 자신의 일기에 이렇게 썼다. "로드멜의 매력 중 하나는 인간적인 삶이었다. 모든 이들이 똑같은 시간에 똑같은 일을 했다. 늙은 교구 목사가 여자들을 교회로 안내했고, 종을 잘못 치면 모두 그가 잘못 치는 종소리를 들었고 그가 무슨 일을 하는지 알았다. 모든 사람들이 자신들의 정원에 있었다. (……) 내가 말하고자 하는 바는 우리가 공동체라는 것이다."(1920년 10월 1일)

몽크스하우스의 정원

몽크스하우스에는 포스터, 엘리엇 등 작가들이 런던에서 찾아오곤 했다. 런던에서 손님이 오면 울프 부부는 르위스 역으로 이륜마차를 보내곤 했다. 울프 부부는 손님을 1층 거실에 남겨두고 식사시간 때까지 예정된 일들을 해나갔다. 레너드는 《옵저버》를 읽었고, 버지니아는 《타임스》 일요판을 읽었다. 그럴 때면 손님은 거실 소파에서 혼자 앉아 있어야 했다. 몽크스하우스는 사교의 공간이 아니라 은둔과 사색과 집필의 공간이었다. 부부는 오전 중에는 독서를 하거나 책을 쓰면서 시간을 보냈고, 점심을 먹고 나면 버지니아는 날씨와 상관없이 개와 함께 우즈강으로 산책을 떠났다.

T. S. 엘리엇은 1920년 9월, 로드멜에서 버지니아를 처음 만났다. 이후 엘리엇은 로드멜을 한 번 더 찾아왔다. 엘리엇은 울프 부부와 지인들에게 자신이 쓴 새로운 시를 읽어주었다. 버지니아는 일기에 이런 기록을 남겼다. "그는 그것에 리듬을 붙여 노래 부르고 찬미했다. 문구가 아주 아름답고 힘이 있었고, 대칭적이고 강렬했다. (……) 하지

몽크스하우스의 거실

만 그것은 우리에게 어떤 강한 감정을 남겨주었다. 그것을 '황무지'라고 불렀다. 그리고 그것을 좀더 조용히 들은 문인 메리 허친슨은 그것이 톰의 자서전이며, 우울하다고 해석했다."

엘리엇이 〈황무지〉를 써서 처음으로 버지니아 앞에서 낭송했다는 사실은 무척 흥미롭다. 엘리엇에게 1947년에 노벨문학상을 안겨준 〈황무지〉는 이런 인연으로 호가스 출판사에서 출간되었다.

1920년대는 소설가, 에세이스트로서 버지니아 인생의 절정기였다. 출판계는 버지니아에게 최고의 원고료를 책정했다. 강연 요청이 쇄도했고, 버지니아는 엄선해서 강연 요청에 응했다.

몽크스하우스의 순례자들

로드멜로 이사한 그 해에 버지니아가 친구에게 보낸 편지에 이런 대목이 있다. "몽크스하우스는 (……) 영원히 우리 주소가 될 것이다. 초원으로 펼쳐진 땅에 나는 이미 우리 무덤을 표시했다."

버지니아가 영원한 주소가 될 것이라고 예언했던 곳, 몽크스하우스를 찾아가 보자. 버지니아가 그랬던 것처럼 런던의 빅토리아 역에서 이스트본이 종착역인 기차를 타면 그 중간쯤에 있는 르위스 역까지는 50분이 걸린다.

르위스 역은 작고 평범한 시골역이지만 전통과 품격이 풍긴다. 르위스 역에서 로드멜까지는 6.4킬로미터. 두 시간 간격으로 오는 버스가 있지만 택시를 타기로 했다. 르위스의 주택가를 빠져나간 택시가 초지 사이로 난 길을 달린다. 오른편에 제법 높은 구릉이 나타났다. 그때 거름냄새가 훅 하며 코를 찌른다. 익숙한 퇴비 냄새! 순간 나는, 로드멜로 가는 길이 초행길이 아닌 무의식에 남아 있는 고향의 원형(原

型)으로 가는 여정이라고 생각했다. 로드멜은 작은 마을이다. 번지수 대신 모든 집이 고유의 이름을 갖고 있었고, 골목길에는 말똥이 여기 저기 널려 있었다.

몽크스하우스는 현재 '국민신탁(National Trust)'에서 관리한다. 매 년 4월에서 10월까지 매주 수요일과 토요일 오후 2시부터 문을 연다. 몽크스하우스의 외벽은 장미덩굴이 감싸고 있었다. 내가 도착했을 때 독일인 부부를 포함한 네 사람이 집 앞에서 서성거리고 있었다. 잠시 마을을 둘러보고 다시 돌아왔다. 한 여성이 닫힌 문앞 계단에 앉아 노 트에 무언가를 쓰고 있었다. 여성은 감격에 겨운 표정이 역력했다. 내 가 DSLR 셔터를 눌러도 전혀 의식하지 못했다.

지도상에도 잘 나오지 않는 로드멜이 어떻게 전세계에, 또 한국에 까지 알려질 수 있었을까. 마을에는 작은 식당이 하나 있는데, 몽크스 하우스가 문을 여는 수요일과 토요일 점심에는 손님이 가득 찬다. 모 두가 버지니아를 만나러 온 순례자들이다.

르위스 역사 전경

오후 2시가 지나 몽크스하우스 안으로 들어갔다. 버지니아를 닮은
여성이 입장권과 브로슈어를 팔고 있었다. 몽크스하우스는 2층 집이
다. 1층에는 거실과 식당과 주방이 있고, 2층에는 침실과 거실이 있
다. 순례객은 1층만 관람할 수 있다. 나도 다른 순례자들과 함께 거
실로 들어갔다. 거실 천장은 낮은 편이어서 답답하다는 느낌을 주었
다. 전체적으로 보면 거실은 검박하면서도 품격이 느껴진다. 벽난로
를 향해 1인용 소파 두 개가 있고, 한쪽에는 작은 탁자가 있다. 엘리
엇, 포스터 등이 버지니아가 2층에서 내려오길 기다리며 앉아 쉬던
그 소파다. 손님들은 이 소파에 앉아 벽면에 걸려 있는 그림들을 감상
했을 것이다.

작은 탁자 위에는 오래된 우편물, 서적, 정기간행물, 사무용품 등이
놓여 있다. 마지막 우편물의 수신인은 정치 계간지 편집자 레너드 울
프였다. 거실 벽에 걸려 있는 풍경화 6점은 바네사 벨과 퀸틴 벨의 작
품이었다. 거실 그림 중 순례자들을 사로잡은 그림은 바네사가 1912

몽크스하우스
관람 안내판

년에 그린 버지니아 초상화였다.

거실 옆에 있는 식당은 무척 소박하다. 겨우 6인용 식탁을 하나 놓을 만한 공간이었고, 주방 역시 소박하다 못해 초라했다. 2층으로 올라가는 계단이 주방 옆에 있었다. 1층에는 '내셔널 트러스트' 소속 여성 두 명이 한 사람씩 거실과 식당, 부엌을 주시하고 있었다.

주방 옆으로 정원으로 통하는 작은 문이 나 있다. 버지니아가 그토록 찬미한 정원으로 나가보았다. 정원은 온갖 꽃들이 흐드러진 꽃밭과, 사과나무와 배나무 등 과실수들이 심어져 있는 잔디밭으로 나뉘어 있었다. 꽃밭과 잔디밭의 경계는 분명했다. 꽃밭에서 몽크스하우스를 보면 꽃 무더기에 가려 지붕만 보인다. 꽃밭 옆에는 꽃밭과 잔디밭의 완충지대격인 작은 추모 공간이 있었다. 이곳에 레너드와 버지니아의 흉상이 정원을 응시하고 있다.

버지니아의 여름날 집필 공간인 오두막은 잔디밭 가장자리에 있다.

오두막에 들어가 보았다. 자연의 섬세한 떨림을 오감으로 느끼며 글을 쓸 수 있는 공간이었다. 잔디밭은 과실수가 군데군데 심어져 있는 곳과 잔디만 깔려 있는 공간으로 나뉜다. 잔디만 깔려 있는 공간에는 원형의 작은 연못이 있고, 그 뒤에 미루나무 두 그루가 서 있다. 미루나무는 울프 부부가 처음 이곳에 이사와 심고 각자의 이름을 붙인 바로 그 나무들이다.

정원 잔디밭은 우즈강을 향해 공간이 열려 있다. 버지니아는 굳이 집을 나와 마을 한복판 길을 지나지 않고도 우즈강으로 산책을 나갈 수 있었다.

너무도 아름답게 잘 꾸며진 정원을 둘러보면서 나는 비로소 한 가지 의문이 풀렸다. 버지니아는 다작(多作) 스타일이다. 소설과 에세이를 써내면서도 거의 하루도 빠지지 않고 편지와 일기를 썼다. 편지를

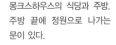

몽크스하우스의 식당과 주방. 주방 끝에 정원으로 나가는 문이 있다.

묶은 책이 6권이고 일기를 묶은 책도 여러 권이다. 정원은 버지니아에게 샘솟는 영감을 불어넣은 장소였다.

버지니아의 런던 찬가

버지니아는 1922년 비타 색빌 웨스트와 동성애 관계를 공표한다. 비타는 남편이 있는 유명 작가였다. 두 사람은 1920년대를 통틀어 레즈비언 관계를 유지했다. 1920년대 이후 버지니아가 쓴 소설과 에세이의 주제들은 모두 비타와 관련되어 있다. 두 사람은 작가로서도 서로에게 많은 영향을 주고받았다. 소설《올란도》는 비타와 그의 조상에 관한 이야기이다. 두 사람은 동성애 관계가 끝난 뒤에도 죽을 때까지 친구로 남았다.

《테스》의 작가 토마스 하디 또한 버지니아의 일생에서 언급하지 않을 수 없는 존재다. 아버지 레슬리는 하디의 소설을 출판해 준 사람이었다. 이후 아버지와 하디는 오랫동안 우정을 나누며 지냈다. 버지니

연못과 미루나무 두 그루

아는 작가의 꿈을 몰래 키우면서 아
버지 서재에 꽂혀 있는 하디의 작품
을 수없이 읽었다. 가족사적으로나
문학적으로나 하디는 거부할 수 없는
존재였다. 버지니아는 아버지에 대한
하디의 시 〈슈렉혼〉에 감사의 편지를
보내기도 했다. 토마스 하디가 사망
했을 때에는 추모의 글을 《타임스》에
익명으로 기고했다. 그는 하디를 "위
대한 무의식의 작가"라고 규정했다.

1924년 초 울프 부부는 런던의 고
든 스퀘어를 팔고 태비스톡 스퀘어
52번지의 4층 집을 10년 임대로 계약
했다. 태비스톡 스퀘어는 고든 스퀘

버지니아의 여름날 집필
공간인 오두막

어와 한 블록 떨어진 곳이다. 1층과 2층은 변호사 사무실로 세를 주었
고 울프 부부는 지하층과 3, 4층을 썼다. 버지니아는 태비스톡 스퀘어
주변을 산책하다가 《등대로》를 구상하게 되었다.

작가와 예술가에게 산책 없는 창작이 가능할까. 버지니아는 로드멜
에서 지낼 때처럼 런던에서도 혼자 거리를 쏘다니기를 좋아했다. 게으
른 산책자가 되어 홀로 이 거리 저 거리를 발길 닿는 대로 여행하는 것
처럼 흥미진진하고 감미로운 일은 없다. 런던의 거리는 그 자체로 소재
의 바다였다. 거리의 소음조차 발을 멈추게 하는 음악이었다. 버지니아
는 여러 차례 런던 거리를 찬미했다.

"런던은 그 자체가 영원히 매혹하고, 자극하며, 거리를 걸어다니게
하는 것 외에 아무런 문제를 일으키지 않고, 나에게 희곡과 이야기와

태비스톡 스퀘어

시를 준다. 나는 오늘 오후에 그레이지 인 가든까지 핑커와 산책했다. 그리고 레드 라이온 스퀘어, 모리스 가문의 집을 보았다. 그리고 1850년대 겨울 저녁의 그들을 생각했다."(1928년 5월 31일 일기)

1929년에 나온 《자기만의 방》은 대표적인 페미니즘 에세이로 읽혀지지만 실상은 런던에 관한 책이다. 런던에서 보고 듣고 느낀 여성, 교육, 역사에 관한 책이 《자기만의 방》이다.

태비스톡 스퀘어는 잘 꾸며진 공원이다. 고든 스퀘어는 조금 방치된 느낌이 들지만 태비스톡 스퀘어는 그렇지 않다. 주변의 타운하우스는 런던 대공습 기간 중 거의 다 파괴되었다. 버지니아 일기에 보면 파괴된 태비스톡의 모습이 상세히 기록되어 있다. 그래서인지 이곳을 두 번이나 둘러보았지만 버지니아의 52번지 집을 찾지 못했다.

1904년에서 1919년까지 버지니아의 소득원은 신문과 잡지 원고료가 대부분이었다. 소설가로 명성을 얻고 나서도 인세 수입보다는 신문과 잡지 원고료 수입이 더 많았다. 1928년 이후로 비로소 인세 수입이 원고료 수입을 능가했다.

　1926년부터 버지니아는 인세 수입만으로 '연간 500파운드 수입'을 넘기게 되었다. 비로소 자신의 인세가 남편의 수입을 능가했다. 자동차를 구입했고, 로드멜 몽크스하우스 주변의 땅도 사들였다. 1930년대 버지니아가 인세와 원고료로 벌어들인 총 수입은 1,300에서 2,500파운드였고, 1938년에는 일생에서 가장 많은 액수인 2,972파운드를 벌었다.

런던에서의 마지막 점심

　2차대전 중 독일은 블리츠(Blitz)라고 불리는, 대대적인 런던 대공습을 감행했다. 버지니아는 로드멜 상공을 저공비행하는 나치 독일의 폭격기를 수없이 목격했다. 공중전 장면과 폭격기가 추락하는 장면도

버지니아 울프

보았다. 버지니아는 추억이 서린 거리와 공간, 지인들이 살던 집이 공습으로 하나씩 파괴되는 것을 목격했고 또 방송으로 들었다. 시간이 갈수록 블룸스버리는 더 많이 파괴되어 갔다. 1940년 10월 16일 태비스톡 스퀘어가 완전히 파괴되었다. 울프 부부는 이틀 후 런던에 가서 그 현장을 보았다. 버지니아는 편지에 썼다.

　"지하실은 온통 잡석투성이였다. 남아 있는 것이라곤 버들가지 의자 그리고 세놓을 펜만즈 식탁. 그 외에는 벽돌과 나무 조각들뿐. 바로 옆집 유리문 한 짝이 매달려 있었다. 내 작업실 벽 조각이 서 있는 것을 간신히 알아볼 수 있었을

뿐, 내가 그토록 많은 책을 썼던 곳은 돌멩이투성이였다. 우리가 그렇게 많은 밤을 앉아 있었고, 그토록 많은 파티를 열었던 야외가."

울프 부부는 폐허로 변한 태비스톡 스퀘어 집으로 가서 쓸 만한 것들을 찾아냈다. 그들은 인쇄기, 납활자 판, 가구, 탁자, 의자, 그리고 수천 권의 책을 로드멜로 옮겼다. 제 자리를 잃어버리고 무질서하게 쌓여 있는 재산 더미를 보면서 버지니아는 이렇게 썼다. "오, 난잡함, 추악함, 지저분함, 오, 히틀러가 우리의 책, 책, 테이블, 카펫, 그림을 온통 없애버렸어. 오, 우리는 빈털터리, 헐벗고, 재산을 날려버렸어."

세인트 스티픈 태번

배급제가 점점 강화되어 울프 부부의 생필품 부족은 심각해져 갔다. 가솔린 배급제로 인해 런던에서 로드멜로 찾아오는 사람도 줄어들었다. 울프 부부 역시 자동차를 몰기가 어려웠다. 르위스로 자전거를 타고가 식료품을 살 때도 있었다. 1940년 말 이후 버지니아는 보기에도 안타까울 정도로 야위어 갔다. 두 손은 고드름처럼 차가웠다. 수전증이 나타나기 시작한 것도 이때부터였다. 1941년 1월, 버지니아는 런던으로 갔다. 런던교를 건너 템즈강의 흘러가는 물을 보며 시내를 가로질러 갔다.

"그렇게 지하철로 템플까지 갔다. 그곳에서 내 예전의 광장들의 황량한 폐허 속을 방황했다. 깊이 갈라지고 무너진 것들. 예전의 붉은 벽돌들은 마치 건축가의 마당에 있는 것처럼, 모두 흰 가루가 되었다. 잿빛 먼지들과 깨진 창문들, 관광객들. 황홀케 했던, 그리고 파괴되어 버린 그 모든 완전함."

버지니아가 런던을 마지막으로 간 것은 3월 14일이었다. 그는 팔리아멘트 광장이 내려다보이는 브리지 가의 세인트 스티픈 태번에서 출판사 사장 존 레먼과 점심 약속을 했다. 존 레먼은 버지니아가 긴장하고 있고 손이 심하게 떨리고 있는 것을 놓치지 않았다.

나는 버지니아가 마지막으로 눈에 담은 런던의 거리를 따라가 보고 싶었다. 그러나 런던교는 아쉽게도 버지니아가 건넜던 그 런던교가 아니다. 버지니아가 건넜던 그 유서 깊은 런던교는 교통량을 감당하지 못해 1970년대에 철거되었다.

세인트 스티픈 태번의 내부

버지니아가 마지막 점심을 했던 세인트 스티픈 태번에 들어가 1층 창가에 자리를 잡았다. 1층은 거리의 지면보다 약 1미터쯤 낮다. 이곳은 비교적 작은 태번이다. 1층은 테이블이 20개 안팎이고, 2층도 있지만 테이블이 몇 개 안되는데다 천장이 낮아 답답하게 느껴진다.

왜 버지니아는 이곳에서 점심 약속을 잡았을까? 버지니아처럼 브리지 가에 면한 1층 창가에 앉았다. 1층 창가에 앉으니 시계탑 빅벤의 위용이 유리창 가득 들어온다. 또 국회의사당의 뒷모습과 웨스트민스터 사원의 측면도 보인다. 버지니아가 마지막으로 눈에 담고 싶었던 것은 빅벤이 아니었을까. 《댈러웨이 부인》에서 빅벤의 종소리는 시간의 흐름을 나타내는 상징으로 등장한다.

코트에 돌을 잔뜩 집어넣고

1941년 3월 중순, 로드멜 근처에 소이탄이 떨어졌다. 3월 18일 화요일, 버지니아는 빗속에 산책을 나갔다가 비에 흠뻑 젖은 채 덜덜 떨면서 집으로 돌아왔다. 레너드는 정원에서 오들오들 떨며 들어오는 버지니아와 마주쳤다. 바로 그날 버지니아는 남편에게 보내는, "화요일"이라고만 적은 편지를 썼다.

런던의 빅벤

레너드는 이날 이후 일기에 버지니아의 상태가 "좋지 않다"고 썼다. 클라이브 벨은 메리 허친슨에게 보낸 편지에서 이렇게 썼다. "버지니아가 다시 안 좋은 단계로 들어간 것 같습니다. 지난번 전쟁이 시작되었을 때도 한 번 그랬던 걸 기억하시죠? 아마 전쟁으로 그녀의 신경이 날카로워진 것 같은데, 놀랄 일도 아니고 드문 일도 아니지요. 오직 그녀의 신경만이 병에 걸립니다. 조만간 모두 지나가겠죠."

버지니아의 건강은 최악의 상태로 치닫고 있었다. 3월 27일 레너드는 해안도시 브라이튼에 있는 옥테비어의 진찰실로 버지니아를 데리고 갔다. 옥테비어는 버지니아를 진찰한 뒤 레너드에게 "버지니아는 절대 안정이 필요하고 글을 써서는 안된다"고 말했다.

3월 28일 금요일 아침, 버지니아는 몽크스하우스의 오두막으로 갔다. 바람은 아직 쌀쌀했지만 정원에는 노란색 꽃들이 막 꽃망울을 힘차게 터트리고 있었다. 버지니아는 오두막에서 '화요일' 것과 다른 편지를 레너드에게 썼다. 오전 11시 레너드가 오두막으로 갔다. 버지니아는 레너드에게 산책을 갔다 점심 먹기 전에 오겠노라고 말했다. 집 안일을 하던 집사는 버지니아가 오두막에서 집으로 돌아와 오버코트를 걸치고 지팡이를 들고 다시 나가는 것을 목격했다. 버지니아는 집 안에 들어와 2층 거실 테이블 위에다 겉봉에 "레너드"와 "바네사"라고 쓴 편지 두 통을 놓았다.

버지니아는 정원 끝에 난 사립문을 통해 우즈강으로 내려갔다. 마을 사람 두 명이 각각 다른 위치에서 버지니아의 마지막 산책을 목격했다. 두 사람은 버지니아의 산책을 일상적으로 보아왔기에 대수롭지 않게 여겼다. 강물은 불어나서 빠르게 흘러가고 있었다. 버지니아는 둑에서 돌멩이를 집어 코트 주머니에 넣기 시작했다. 코트의 무게가 가냘픈 어깨를 짓누를 때까지.

점심시간을 알리는 종소리를 듣고 집으로 들어온 레너드는 라디오 뉴스를 듣기 위해 2층 거실로 올라갔다. 그곳에서 "레너드"라고 적힌 푸른 봉투를 발견하고는 무심코 뜯어보았다. "사랑하는 당신, 당신께 말하고 싶어요, 당신이 내게 완전한 행복을 주었다는 것을. 그 누구도 당신보다 더 잘해줄 수는 없었을 거예요. 믿어주시겠죠. 하지만 나는 이걸 결코 이길 수 없다는 걸 알아요. (……)"

레너드는 편지를 읽고는 아래층으로 내려가 정원과 오두막을 샅샅이 뒤졌다. 다시 미친 듯 강으로 내달렸다. 레너드는 강둑에서 아내의

몽크스하우스의
버지니아 흉상

발자국을 금방 알아볼 수 있었다. 강물은 조수가 바뀌고 있었다. 아내
의 지팡이가 강물 위에 떠서 빙빙 돌고 있는 것이 보였다. 다음날부터
경찰은 로프로 강바닥을 훑고 주변을 샅샅이 뒤졌다. 그러나 버지니
아의 시신을 찾지 못했다.

의사 옥테비어가 몽크스하우스를 찾아왔다. 그녀는 버지니아의 신
경쇠약 병력에 대해 레너드와 이야기를 나눴다. 버지니아의 상태를
누구보다 잘 알고 있던 옥테비어는 레너드에게 이렇게 말했다. "다른
사람이라면 그녀를 그토록 오래 지켜주지 못했을 것입니다."

시신은 4월 18일, 우즈강의 사우즈이즈 다리에서 멀지 않은 곳에서
발견되었다. 손목의 시계는 11시 45분에 멈춰 있었다. 버지니아는 무
려 20일 동안 강바닥에 가라앉아 있다가 떠오른 것이다. 시신은 브라
이튼의 다운즈 화장장에서 화장되었다. 레너드는 몽크스하우스 미루
나무 앞 연못에 아내의 유해를 뿌렸다(레너드 역시 사후에 화장되어 분골
이 연못에 뿌려졌다).

버지니아 울프의 마지막 한 시간

나는 몽크스하우스에서 버지니아의 마지막 한 시간을 따라가 보았다. 오두막에서 남편과 언니에게 보내는 편지를 쓴 버지니아는 잔디밭과 꽃밭을 지나 집으로 들어갔다. 버지니아의 눈빛과 걸음은 어제와 달랐으나 레너드는 이를 알아채지 못했다.

마을을 벗어나면 우즈강에 이르는 길은 하나다. 승용차 한 대가 겨우 다닐 수 있는 오솔길. 길은 완만하게 굽이쳐 있다. 말목장과 소목장이 오솔길 양 옆으로 이어진다. 오래된 말의 배설물이 흙과 하나가 되기 직전이다. 오른편에는 도랑이 흐르고, 도랑을 따라 갈대가 이어진다. 우즈강으로 나아가는 길은 생각보다 멀다. 길 중간에 나무로 된 차단기가 가로막고 있다. 목장 울타리를 벗어난 말들이 뛰쳐나가지 못하도록 설치한 것이다.

모든 것이 그대로다. 저 멀리 야트막한 구릉, 자갈길의 말똥 냄새,

정원으로 나가는 길

갈대가 몸을 부비며 스스슥거리는 소리……. 길을 걷는 사람만 바뀌었을 뿐. 우즈강으로 나아가는 도중에 나는 목장을 하는 농부 세 명과 마주쳤다. 70년 전, 이들 농부들의 할아버지뻘인 사람들이 먼발치에서 버지니아가 강을 향해 걸어가는 모습을 목격했다.

조금 멀다고 느껴졌다. 30여 분쯤 걸린 듯하다. 멀리 둑이 나타났다. 우즈강 제방이었다. 제방 높이는 2미터가 조금 더 넘어 보였다. 지도에도 잘 나오지 않는 작은 강. 그러나 버지니아로 인해 유명해진 강.

강둑 위에 섰다. 강폭은 10미터가 조금 넘어 보였다. 바람이 거세게 불어 셔츠 깃이 곧추 섰다. 나를 포함한 10여 명의 순례자들은 강둑에 앉아 흐르는 강물을 쳐다보았다. 저 멀리 열차가 지나가는 모습이 보였다. 런던에서 왔다는 순례자들은 버지니아 얘기를 했다. 백조 두 마리가 한가롭게 자맥질을 하는 모습이 보였다.

우즈강으로 가는 산책길   나는 버지니아가 걸었던 우즈강 둑을 걸으며 줄곧 생각했다. 버지

니아를 차디찬 강물 속에 뛰어들게 한 것은 과연 무엇이었을까. 그의 죽음은 형식은 자살이지만 내용은 타살이었다. 그것은 전쟁의 폭력이었다. 특정하면, 히틀러였다.

자기 존재의 근원이자 삶의 공간이었던 런던이 무참하게 파괴되는 것을 목도하면서 버지니아는 자신의 내면이 송두리째 파헤쳐지는 것처럼 느꼈다. 내면의 정서적 안전판에 균열이 생기자 무의식에 잠들어 있던 트라우마가 극심한 신경쇠약증이 되어 용암처럼 분출했다. 신경쇠약증의 원인은 어린 시절 당한 성추행이었다.

남편은 언제나처럼 곁에 있었지만 런던이 더 이상 존재하지 않았기에 아무런 도움이 되지 못했다. 옥테비아가 레너드에게 한 말, "다른 사람이라면 그녀를 그토록 오래 지켜주지 못했을 것입니다" 속에 그 답이 있다. 분명 레너드가 아니었다면 버지니아는 59년을 살지 못했을 것이다.

나는 한 인간으로서, 한 남자로서 레너드에게 가슴에서 우러나오는 경의를 표한다. 천재를 알아보고 천재가 꽃을 피우도록 자신을 희생하며 천재의 상처를 보듬고 변함없는 사랑을 준 이가 레너드 울프였다.

찰스 디킨스,

빈민을 사랑한 천재

1812 ~ 1870

메멘토 모리

수전노의 대명사 하면 대부분의 사람은 스크루지를 떠올릴 것이다. 스크루지는《크리스마스 캐럴》의 주인공인 독신 노인이다.《크리스마스 캐럴》을 읽지 않은 사람은 많아도 스크루지를 모르는 사람은 없다.

매년 크리스마스 시즌이 돌아오면《크리스마스 캐럴》은 세계 여러 나라에서 영화, TV 드라마, 연극 등으로 리바이벌된다. 그때마다 이 작품의 주인공 스크루지는 새로운 세대에게 여러 가지 메시지를 던져 준다. 흥미로운 사실은 많은 독자들이 스크루지가 소설 말미에 자신의 죽음 이후의 모습을 보고 개과천선한다는 사실을 기억하지 못한다는 점이다. 작가가 전달하고자 하는 메시지의 하나가 거기에 있는데 말이다. 돈밖에 모르는 스크루지의 지독한 구두쇠 행적이 워낙 강렬했기 때문일까.

《크리스마스 캐럴》의 이야기는 크리스마스 이브에 시작된다. 이야기는 주인공 스크루지가 크리스마스 이브에서 크리스마스 당일까지 하루 동안 겪는 일을 그리고 있다. 조카는 스크루지 가게를 찾아와 크리스마스날 저녁식사에 초대한다. 성탄절인데 가족도 없이 혼자 사는 삼촌이 걱정스러웠기 때문이었다. "삼촌은 돈도 벌 만큼 벌었는데, 왜 그렇게 침울하세요?"

스크루지는 냉소적인 반응을 보인다. "가난뱅이 주제에 무슨 크리스마스?" "돈도 없는데 돈 쓸 일만 생기는 크리스마스가 뭐가 좋아?" "넌 너대로 보내고, 난 나대로 지내자."

스크루지는 혈육에게조차 인색하기 짝이 없다. 당연히 그는 이웃사람들에게도 기피 인물이다. 불우이웃을 위해 기부를 부탁한다는 이웃의 간청을 매정하게 뿌리친다. "게으른 자를 기쁘게 해주긴 싫소!"

스크루지는 가게 문을 닫고 홀로 냉기만이 감도는 집안으로 들어간다. 혼자 있는 스크루지에게 옛 동업자 말리의 혼령이 나타난다. 말리

20대의 찰스 디킨스

는 한때 스크루지의 동업자였는데 7년 전 크리스마스 이브에 사망했다. 말리의 혼령은 잘못 살아온 인생을 후회하고 있다며 "나와 같은 운명을 피할 기회를 주겠다"고 말한다. 그는 스크루지에게 세 명의 혼령이 찾아올 것이라고 말하고는 사라진다.

첫번째 혼령은 과거의 어느 크리스마스로 스크루지를 데려간다. 스크루지는 크리스마스날 교실에 혼자 남아 흐느끼고 있는 소년을 본다. 어린 스크루지였다. 청년 시절 페지위그 공장에서 일할 때 크리스마스날 페지위그 사장 딸과 흥겹게 춤을 추는 모습도 보았다. 또 다른 모습은 크리스마스날 페지위그 딸과 헤어지는 장면이다. 여자가 말한다. "그때 약혼하지 않았다면, 지금 처음 만났어도 날 원했을까요? 부모 죽고 빈털터리인 날? 모든 걸 돈으로 계산하

는 당신이?"

두 번째 혼령은 그를 내일의 크리스마스로 데리고 간다. 스크루지 가게의 종업원 크래칫 일가의 크리스마스 저녁식사. 가난한 크래칫은 칠면조를 살 돈이 없어 거위로 크리스마스 만찬을 준비한다. 크래칫이 "스크루지 씨를 위해 건배"라고 제안하자, 크래칫의 아내는 "그렇게 못된 구두쇠를 위해 건배하라고요?" 하며 못마땅해 한다.

세 번째 혼령은 그를 미래의 크리스마스로 안내한다. 스크루지는 마치 《걸리버 여행기》의 거인국에 온 것처럼 몸이 축소되어 세 번째 혼령에 쫓기면서 미래의 크리스마스와 맞닥뜨리게 된다. 스크루지 집에서 가정부로 일하는 여자와 그의 남편이 나온다. 여자는 죽은 사람 집에서 몰래 커튼을 뜯어와 귀중한 전리품이라도 얻은 양 남편과 시시덕거린다. 여자가 말한다. "그 작자 살았을 때, 겁나서 아무도 안 간 덕에 죽은 뒤 우리만 횡재했어요. 갑자기 죽었을 때 곁에 누가 있었다면 우리가 어떻게 이걸 팔겠어요?"

스크루지는 공포에 쫓기면서 사람들이 누군가의 죽음에 대해 공통적으로 말하는 것을 보게 된다. 그런데 단 한 사람도 그 죽음을 슬퍼하지 않는다. 누구도 애석하게 말하지 않는 어떤 이의 생애를 보면서 두려움이 엄습한다. 혹시 그 자가 자신일지도 모른다는 생각에.

스크루지는 세 번째 혼령에 의해 공동묘지로 끌려갔다. 눈에 뒤덮여 있는 묘비 앞에 마주 선 스크루지는 절규한다. "이 미래는 결정된 거요, 아니면 바꿀 수 있는 거요? 삶이 다 결말이 예견되어 있긴 하지만…… 죽은 그 자가 나란 말인가요? 안돼요, 안돼. 내 말 좀 들어봐요. 희망이 없다면 왜 이 모든 걸 보여주나요? 삶이 바뀌면 결말도 바뀌지 않나요? 모든 걸 바꿀 수 있다고 말해줘요. 다르게 살면 되나요? 저 비석의 글을 지울 수 있다고 말해줘요."

돈밖에 모르는 구제불능이었던 스크루지 영감이 극적으로 변하게 된 것은, 그가 자신의 죽음을 보았기 때문이다. 한 사람의 생애는 결국 죽음으로 '결산'된다는 사실을 스크루지는 뒤늦게 깨달았다.

어떤 사람은 가치 있는 인생을 살고, 또 어떤 사람은 그렇지 않은 삶을 산다. 가치 있는 인생을 흔히 성공적인 인생이라고도 일컫는다. 많은 종교가 그 종교를 믿어야만 가치 있는 인생을 살 수 있고 영생을 얻는다고 설교한다. 나는 인생을 가치 있고 의미 있게 사는 사람은 종교의 유무를 떠나 한 가지를 유념했기 때문이라고 생각한다. '죽음을 기억하라(Memento Mori).'《크리스마스 캐럴》이 전하고자 하는 메시지도 바로 '메멘토 모리'가 아닐까.

구두약 공장과 채무자 감옥

《크리스마스 캐럴》의 작가 찰스 디킨스는 1812년 2월 7일 런던 남부의 항구도시 포츠머스에서 태어났다. 시내 '마일 엔 테라스'에 그의 생가가 잘 보존되어 있다. 아버지 존 디킨스는 해군에서 총무담당 서기로 일했다. 디킨스의 유소년 시절을 들여다보는 데 있어서 중요한 키워드는 조부의 직업이다. 조부는 크루 경(卿)의 집사였다. 디킨스 가족은 오랜 세월에 걸쳐 크루 경의 재정적 도움을 받았다. 디킨스 집안은 여기에 그치지 않고 크루 경을 통해 귀족 문화까지도 받아들였다. 특히 존 디킨스 대(代)에서 이런 경향은 두드러졌다.

해군에서 봉급과 물자를 담당하는 서기의 수입은 뻔하다. 막대한 유산을 물려받지 않았다면 사교생활은 꿈도 꿀 수 없다. 그런데도 존 디킨스는 엄청난 영지를 물려받은 귀족처럼 사교생활을 즐겼다. 크루 경의 도움으로 얼마간은 이런 생활을 감당할 수 있었다.

가족들은 존 디킨스의 근무지에 따라 자주 이사를 다녔다. 가족은 런던, 채텀 등을 오갔다. 찰스 디킨스는 런던 동부의 항구도시 채텀에서 보낸 어린 시절을 가장 행복했던 때로 기억한다. 찰스는 자신의 비범함을 알아본 교사의 특별한 관심을 받으며 학교생활을 했다.

이때 그의 집안은 과도한 빚으로 인해 적신호가 켜졌다. 1822년 존 디킨스는 아들 찰스를 채텀의 지인에게 맡긴 후 다시 런던으로 돌아갔다. 런던 생활은 존 디킨스를 파산으로 몰아갔다. 얼마 뒤 찰스 디킨스는 혼자 합승 역마차를 타고 런던으로 가야 했다. 구중중한 볏집 냄새가 코를 찌르는 우울한 여행을 찰스는 어른이 되어서도 결코 잊을 수 없었다.

구두약 공장이 있던 자리에 들어선 차링크로스 역

찰스의 부모는 런던의 베이엄 가 16번지에서 비참한 셋집살이를 하고 있었다. 부모는 찰스의 학교 공부에는 관심조차 갖지 않았다. 1823년 말, 존 디킨스는 완전히 파산했다. 부모는 방 두 칸을 제외하고는 아무것도 남지 않게 되었다. 빚쟁이들이 집에 찾아와 온갖 욕설을 퍼부었다.

이때 구두약 공장 관리자인 친척이 찰스를 공장에서 일하게 하는 것이 어떻겠냐고 제안했다. 부모는 기다렸다는 듯 제안을 받아들였다. 찰스는 이렇게 워런의 구두약 공장에 보내졌다. 열두 살! 구두약 공장은 템즈 강변의 헝거포드 스테어스 30번지에 있었다. 건물은 쓰러질 듯 위태위태했고 쥐들이 들끓었다. 현재 구두약 공장이 있던 자리에는 차링크로스 역이 들어서 있다.

소년은 이 공장에서 아침 8시에 출근해 밤 8시까지 꼬박 구두약병을 봉하고 라벨을 붙이는 일을 했다. 소년은 이 공장에서 1년 가까이 일했다. 비록 기간은 짧았지만 이때의 경험은 그의 인생과 작품에 오랫동안 깊고 지속적인 영향을 끼쳤다.

산업혁명 이후여서 비슷한 또래의 아이들이 생활전선에 뛰어드는 일은 흔히 있었다. 그러나 찰스는 결코 자신을 돈벌이하는 어린이로 생각하지 않았다. 구두약 공장에 다니면서 그는 마음에 상처를 입었고 부모에 대해 분노를 품게 되었다. '부모님은 어떻게 나를 학교에도 보내지 않고 이런 공장에다 내팽개칠 수 있을까.'

치욕은 여기서 끝나지 않았다. 소년이 구두약 공장에서 일하기 시작한 지 얼마 지나지 않아 결국 아버지는 채무 불이행으로 체포되어 템즈강 남부의 마샬시(Marshalsea) 채무자 감옥에 수감되었다. 어머니는 생활비를 절약하기 위해 아이들 셋과 함께 남편을 따라 감옥생활을 했다. 소년은 혼자 하숙을 했다. 부모 슬하에서 유복한 생활을 하던 소년이 하루아침에 학교를 그만두고 구두약 공장에 다녀야 했고, 가족들은 감옥에 들어갔다. 가족을 면회하러 교도소를 드나들면서 소년이 느꼈을 비참함이 어떠했을까. 하숙방, 구두약 공장, 채무자 감옥을 오가는 나날은 소년에게 일생 동안 치유되지 않는 트라우마가 되었다.

1824년 5월 말, 아버지는 모친의 유산 덕분에 채무자 감옥에서 나올 수 있게 되었다. 소년은 당연히 구두약 공장을 그만두고 다시 학교에 다니게 될 줄 알았다. 어머니에게 학교에 다니고 싶다고 말했지만 어머니는 마땅치 않다는 반응을 보였다. 소년은 한동안 더 구두약 공장을 다닐 수밖에 없었다. 소년은 이때 어머니가 보인 반응을 평생 잊지 못한다. 어머니는 이미 열두 살 때 죽었다는 말을 공공연하게 했다.

우여곡절 끝에 찰스는 다시 학교에 들어갔다. 웰링턴하우스 아카데미였다. 2년 동안 이 학교에 다니면서 그는 모든 면에서 뛰어난 재능을 보였다. 특히 아마추어 연극에 재능을 보였다. 부모의 낭비벽은 다시 도져, 1827년 3월 완전히 파산했다. 찰스는 학교를 중퇴해야 했지만 이제 세상을 살아갈 준비가 되어 있었다.

찰스는 구두약 공장에 다닌 일과 마샬시 감옥에 면회 다닌 이야기를 20년 이상 가슴에 묻어둔 채 누구한테도 얘기하지 않았다. 영국 최고의 소설가가 된 이후 전기작가에게 비로소 이 사실을 털어놓았다. 이 사실에서 우리는 두 사건이 청소년기의 디킨스에게 어떤 무의식으로 작용했는지 비로소 이해하게 된다.

마샬시 채무자 감옥으로 가보자. 부모 중 한 사람이 빚을 져 갚지 못하면 가족 전원이 연대책임을 지는 제도는 19세기 중반의 영국 사회를 들여다보는 흥미로운 열쇠이다. 지하철 노던라인을 타고 버러 역

마샬시 감옥의 담벼락

에서 내려 런던교 방향으로 몇 걸음 옮기면 마샬시 로가 나타난다. 마샬시 채무자 감옥은 세인트 조지 교회 뒤편에 있다. 물론 19세기 채무자 감옥이 21세기에 그대로 존재할 리가 없다. 교회 뒤편으로 가니 아담한 잔디밭이 나타난다. 한쪽에 주변과 어딘가 어울려 보이지 않는 담장이 보였다. 옛 마샬시 채무자 감옥의 담장이었다. 길이 약 150미터 정도의 담장만이 채무자 감옥의 그림자를 보여주고 있었다. 담장 가운데에 작은 철문이 있었고, 그 옆에 이 감옥이 디킨스의 소설 《막내 도릿》에 묘사되었다는 설명문이 붙어 있었다.

철문을 통해 담장 안쪽으로 들어가 보았다. 안쪽에서 보니 담장은 감히 탈출을 꿈꿀 수 없을 만큼 높았다. 갈색 벽돌담은 세월의 더께가 앉아 제 빛깔을 잃고 거무튀튀하게 변해가고 있었다. 1820년대에는 담장 위에 철못이 박혀 있었지만 현재는 금제(禁制)의 금속은 보이지 않았다. 런던 시는 왜 옛 감옥의 흔적을 남겨놓았을까. 이 감옥이 디킨스에게 깊은 영향을 주었기 때문이다. 가치관과 인생관에 영향을 미

마샬시 감옥에 붙어
있는 설명문

쳤고 소설에도 배경으로 묘사되었으니 말이다. 교도소 담장은, 어떻게 보면 보존할 가치가 없는 것으로 여겨질 수도 있다. 하지만 디킨스 소설에 그려졌기 때문에 살아 있는 역사가 될 수 있었다.

그런데 또 한 가지 놀라운 사실. 채무자 감옥의 옛 담장을 나와 런던교로 향하는 '버러 하이 스트리트'를 걷다가 무심코 왼편의 길 이름을 보았다. '리틀 도릿'이었다. 찰스 디킨스의 소설 《막내 도릿》에서 따온 이름. 런던 시는 찰스 디킨스에 대한 경의의 표시로 길 이름을 '리틀 도릿'으로 명명했다.

사환을 거쳐 국회 출입기자로

열다섯 살이 되었을 때 디킨스는 친지의 변호사 사무실에 사환으로 취직했다. 디킨스는 얼마 지나지 않아 법률 직업이 "아주 작은 세계이며 매우 지루한 일"이라는 사실을 금방 깨달았다. 서류를 복사하고 일상적인 기록을 하고 심부름을 하고 나면 오후에는 시간이 남았다. 오후 시간이 되면 그는 인도변의 계단에 앉아 지나가는 사람을 관찰하며 시간을 보냈다. 그는 거리에서 목격한 것을 기막히게 재현해 냈다. 흉내 내는 재능은 특히 사람들을 감탄케 했다.

1830년, 열여덟 살이 되었을 때 디킨스는 대영제국 박물관 라운드 열람실에 등록하여 책을 읽기 시작했다. 정규 교육의 부족을 만회하려면 이 방법밖에는 없었다. 그는 라운드 열람실에서 신문사의 국회 출입기자가 되기 위해 독학으로 속기를 배웠다. 당시 국회 출입기자는 야망이 있는 젊은이에게 가장 인기 있는 직업이었다.

대영박물관은 영국이 자랑하는 정신문명의 보고이다. 박물관의 라운드 열람실은 런던에 살았던 모든 지식인들이 애용한 장소이다. 안내 데스크 앞에는 직사각형의 동판이 놓여 있는데, 동판 속에는 100명은 족히 넘을 듯한, 너무나 친숙한 이름들이 새겨져 있다. 찰스 다윈, 찰스 디킨스, 카를 마르크스, 블라디미르 레닌, 마하트마 간디, 버지니아 울프, 버나드 쇼……. 이름 하나하나에 숨이 막힐 정도이다. 세계사에 굵은 족적을 남긴 이들의 이름과 그들이 앉아 책을 읽은 의자들. 이곳에 오면 누구나 위대한 인물들이 남겨놓은 기운을 오감으로 느끼게 된다. 이어 물질만을 추구하는 삶이 얼마나 허망한 것인지를 몸서리치게 깨닫는다.

디킨스는 라운드 열람실에서 미친 듯이 공부했고, 1년 만에 속기사 자격을 따냈다. 그는 법원을 출입하는 프리랜서 기자가 되었다. 그러나 이 일은 금방 그를 실망시켰다. 걸핏 하면 재판이 지연되기 일쑤고 복잡한 법률용어를 도저히 견딜 수가 없었다. 지루하고 미래가 불확실한 법원 프리랜서 기자를 그만두고 싶었다.

1831년, 그는 하원의 국회기자석에 들어갈 수 있었다. 처음에는 주

디킨스가 속기를 배운
대영박물관

간지 《미러 오브 팔리아멘트》의 임시직이었다. 얼마 뒤에 유력지인 《모닝 크로니컬》 기자로 옮길 수 있었다. 신분은 여전히 불안정한 임시직이었지만 빠르고 정확한 리포트로 이름을 알리게 되었다. 국회 출입기자로서 중요한 사회개혁 법안이 통과되는 것을 보도하며 능력을 인정받았지만 정작 그는 정치 기사에 점점 회의를 품게 되었다.

국회가 휴회 중일 때 디킨스는 코믹 단편소설을 써서 한 월간지에 기고했다. 1833년 12월, 그는 난생 처음 자신의 글이 실린 잡지를 들고 길을 걸으며 기쁨과 자부심의 눈물을 흘렸다. 이후 여러 편의 글이 잇따라 실렸다. 이때까지만 해도 그는 익명으로 글을 썼다.

1834년 8월, 두 번째 연재물을 쓰면서 그는 처음으로 필명을 '보즈(Boz)'라고 썼다. 이어 《모닝 크로니컬》의 정식 기자로 채용되었다. 그의 인생에 드디어 햇살이 비치기 시작했다. 디킨스는 자기만의 스타일을 만들어나갔다. 검은색 깃이 달린 청색 망토를 걸쳤고 그 안에 조끼를 입었다. 작가의 분위기가 풍기도록 머리도 기르기 시작했다.

1835년 초, 디킨스는 신문 24회 연재물 〈스트리트 스케치〉의 필자가 되면서 성공의 문턱에 다다랐다. 드디어 전업작가의 길로 접어들었다. 10대 시절은 절망의 연속이었지만 작가의 길로 들어선 이후로는 과거의 불운을 보상받듯 운이 따랐다.

신문사 편집국장 조지 호가스는 전도유망한 젊은 스타를 자택으로 초청했다. 얼마 지나지 않아 디킨스는 호가스가 주최하는 각종 파티, 음악회 모임 등의 단골 초청인사가 되었다. 호가스에게는 세 딸이 있었는데 디킨스는 그 중에서 첫째인 캐서린과 사랑에 빠졌다.

디킨스의 첫 단행본은 1836년 2월에 나온 《보즈의 스케치》. 신문 연재물을 모으고 당대의 저명한 화가 조지 크룩생크의 삽화를 넣어 재편집한 것이었다. 독자들은 즉각적인 반응을 보였다. 며칠 지나지 않

아내 캐서린

아 '채프먼 앤 홀' 출판사에서 매월 14파운드를 제시하며 화가 세이무어의 삽화로 연재물을 게재해 달라는 제안을 해왔다.

1836년 3월 31일 〈픽윅 문서(Pickwick Papers)〉의 첫 회가 실렸다. 이틀 뒤인 4월 2일 디킨스는 첼시 지역의 세인트 루크 교회에서 캐서린과 결혼식을 올렸다. 디킨스 부부는 '퍼니벌스 인'에 마련한 집에서 신혼생활을 시작했다.

〈픽윅 문서〉는 픽윅이라는 어리숙한 신사가 런던에 처음 와서 좌충우돌하며 겪는 일을 코믹하게 다룬 연재물. 첫 회가 나갔을 때 독자들의 반응은 냉담했다. 삽화가 글을 받쳐주지 못한다는 평가가 나왔다. 출판사는 삽화가를 해블롯 브라운으로 교체했고, 4회부터 브라운의 삽화가 실렸다.

반응이 폭발했다. 대박이었다. '픽윅 신드롬'이 불었다. 주인공 픽윅을 주제로 한 캐릭터 상품이 등장했다. 픽윅 모자, 픽윅 시가, 픽윅 노래책, 픽윅 유머책 등이 등장했다. 출판사는 디킨스의 월급을 25파운드로 올렸다. 마지막 회가 연재될 때는 무려 4만 부가 팔렸다. 유사 연재물이 지방신문에 잇따라 등장했다. 디킨스는 스물다섯에 영국에서 가장 인기 있는 작가의 한 사람이 되었다.

《올리버 트위스트》의 탄생

1837년은 디킨스의 인생에서 결코 잊을 수 없는 해였다. 그는 결혼 1주년에 집을 불룸스버리 지역의 도티 가(街) 48번지로 옮겼다. 19세기에 새로 지은 고급 맨션이었다. 이 집은 디킨스가 작가로서 명예와 부가 함께 상승했다는 증표였다. 디킨스는 이 집에서 처제 매리 호가스도 함께 데리고 살았다.

디킨스의 두 번째 연재소설은 《올리버 트위스트》이다. 《올리버 트위스트》는 신(新)빈민법에 대한 통렬한 공격을 담고 있다. 신빈민법에 의해 지방교구의 빈민구제 시스템은 야만적이고 비인간적인 공장 체제로 바뀌었다. 이 주제는 디킨스가 자신의 어린 시절의 비참함과 배고픔과 외로움에서 얻은 아이디어였다.

이 소설의 주인공인 고아 올리버 트위스트는 아홉 살이다. 올리버는 신빈민법에 따라 공장에 강제로 맡겨진다. 신빈민법은 1834년에 만들어진 법률. 실직자들에게 일자리를 제공하고 국가가 빈민구제를 위해 불필요하게 들어가는 지출을 줄일 목적으로 도입한 법률이다.

취지는 그럴듯했지만 이 제도는 인간성에 내재한 사악함을 간과했다. 현실에서 신빈민법을 악용하는 사례가 빈번했다. 《타임스》 같은

픽윅 신드롬을 불러일으 킨 〈픽윅 문서〉

유력 신문에서 신빈민법을 악용하는 사례를 연일 보도했지만 개선될 조짐은 보이지 않았다. 《올리버 트위스트》는 이런 상황에서 잡지에 연재되기 시작했다. 신문·잡지의 고발 기사와 스토리가 있는 소설. 어느 쪽이 더 신빈민법에 대한 대중의 분노를 폭발시켰을까.

《올리버 트위스트》의 저 유명한 장면으로 되감기를 해본다. 올리버가 공장에 수용되고 얼마 후, 배고픔에 지칠 대로 지친 고아들은 '반란'을 꾸민다. 그 반란을 촉발시키는 주인공은 제비뽑기를 통해 올리버가 선택된다. 올리버가 배급된 식사를 먹고 난 뒤 식당 책임자 앞으로 다가가 힘들게 입을

뮤지컬 〈올리버 트위스트〉 포스터

뗀다. "제발 조금만 더 주세요!"

독자들은 이 말에 공장 관리인이 어떤 반응을 보였는지 기억할 것이다. 식사를 더 달라는 말은 당시 공장에서는 금기였다. 주는 대로 아무 말 없이 먹는 것이 오랜 관행이었다. 금기를 깨는 것은 곧 반란이었다. "뭐라고?" 올리버는 신빈민법의 악용에 도전한 것이었고, 결국 반란의 대가로 공장에서 쫓겨나게 된다.

디킨스가 신빈민법 악용을 공격한 이유는 신빈민법의 최대 희생자가 어린이라는 믿음 때문이었다. 이후 그는 소설을 통해 가난한 사람과 어린이들을 억압하는 제도, 법률 등 각종 사회악을 고발한다. 1850년대에 발표한 소설들에서 이런 경향은 더욱 강해진다. 디킨스를 빅토리아 시대 최고의 소설가이자 사회운동가로 부르는 이유다.

디킨스 박물관

신은 인간이 세상 속에서 마냥 행복해 하는 것을 질시한다. 행복의
한가운데에 시련을 보내 신의 존재를 일깨운다. 디킨스 부부가 도티
가 48번지에서 인생의 즐거움을 만끽하고 있던 순간 비극이 기습했
다. 5월 6일 토요일 밤, 부부는 처제 매리와 연극 관람을 하고 집으로
돌아오던 중이었다. 그런데 매리가 갑자기 쓰러지더니 몇 시간 만에
디킨스의 팔에 안겨 숨을 거뒀다. 불과 열일곱 살의 나이에.

디킨스는 처제의 돌연사로 엄청난 충격을 받았다. 몇 개월 동안 매
일밤 처제가 꿈에 나타났다. 도저히 정상적인 생활을 할 수가 없었다.
그는 연재물을 한 달간 쓰지 못했다. 디킨스가 작가 생활을 하는 동안
연재물을 일시적으로 중단한 것은 이때가 처음이었다.

뮤지컬 〈올리버 트위
스트〉의 무대장치와
캐릭터들

디킨스는 마음의 빈자리를 채우기 위해 사교모임에 열중했다. 이 시기에 디킨스 집을 자주 찾은 이 중에는 역사 소설가 아인스워드가 있었다. 디킨스는 아인스워드를 통해 보헤미안 예술가와 작가 그룹을 만나게 되었다.

디킨스의 세 번째 소설인 《니콜라스 니클비》는 1838~1839년에 나왔다. 1840년 연재를 시작한 《옛 골동품 상점》도 베스트셀러가 되었다. 《옛 골동품 상점》에 등장하는 주인공 막내 넬의 죽음은 처제의 영혼을 위로하기 위해 설정한 것이다. 디킨스는 명실상부한 당대 최고 작가라는 명성을 얻었다. 영국 전역에서 대중 강연 요청이 쇄도했다. 디킨스는 런던 최고 권위의 신사클럽(개릭, 학술원) 멤버가 되었다. 디킨스와 함께 학술원 회원이 된 인물로 찰스 다윈이 있었다.

1841년, 디킨스는 도티 가에서 데본셔 테라스 1번지로 이사했다. 이곳은 켄싱턴 가든 북쪽에 위치한 조지안 스타일의 대저택. 디킨스 가족은 이 집에서 10년을 살았다. 디킨스는 인기 소설가라는 명성에 어울리게 화려한 파티를 자주 열었다. 그러나 데본셔 테라스 1번지 집은 1960년 사라져 현재는 남아 있지 않다.

런던에 남아 있는 유일한 디킨스의 집 도티 가 48번지로 가보자. 디킨스 협회가 이 집을 사들여 1925년 디킨스 박물관으로 문을 열었다. 디킨스는 이 집에 살면서 자녀가 세 명이 되었고, 가정부 세 명과 남자 집사 한 명을 두었다. 가정부 세 명은 요리, 집안일, 아이 돌보기를 각각 전담했다.

지하실과 작은 뒷마당이 있는 4층짜리 집인데, 내부 구조가 디킨스가 살던 때 그대로여서 작가 디킨스의 체취를 온전히 느낄 수 있다.

박물관 관람은 보통 4층에서 시작해 지하실까지 돌아보게 되어 있다. 4층은 다락방이고, 3층에는 디킨스 부부의 침실과 처제 매리의 방이 있다. 계단에서 가까운 방이 매리의 방이다. 방은 작고 아담하다. 창문을 통해 석양빛이 쏟아져 들어오고 있었다. 벽면에 붙어 있는 안내문에 이 방에서 매리가 죽었다고 쓰여 있다.

2층의 가장 큰 방은 응접실. 역사적 고증을 거쳐 빅토리아조 중산층의 응접실로 복원되었다. 디킨스는 응접실에서 가족이나 친구들과 즐거운 시간을 보내곤 했다. 그는 이 응접실 소파에 앉아 친구들과 담소를 나누는 틈틈이 마감이 급한 《올리버 트위스트》의 연재 원고를 썼다.

응접실 옆에는 서재가 붙어 있다. 디킨스는 시간이 되면 서재에 들어가 글을 썼다. 캐서린은 남편이 서재로 들어가면 남편이 먼저 나오기 전까지 절대 방문을 노크하지 않았다. 이 서재에서 〈픽윅 문서〉, 《올리버 트위스트》, 《니콜라스 니클비》가 탄생했다.

도티 가에 있는
디킨스의 집

작가의 박물관은 친필 원고와 함께 작품의 초판본을 보는 즐거움을 선사한다. 디킨스의 육필(肉筆)은 그 자체로도 힘이 있고 아름답다. 디킨스는 작가가 된 이후 평생 청색 잉크를 사용했다. 깃촉 펜에 잉크를 찍어 원고를 쓰다 보니 종종 잉크가 고르게 나오지 않고 굵게 나올 때도 있었다. 원고지에는 고친 흔적도 보인다. 글씨체는 사람의 성격을 드러내는 경우가 많다. 디킨스의 친필

원고는 그가 얼마나 치밀한 성격의 소유자였고 완벽을 추구한 작가였는지 짐작할 수 있게 한다. 서재에는 그가 사용한 잉크와 깃털 펜이 있다.

1838년도의 친필 원고가 남아 있다는 것이 신기하다. 사연은 이랬다. 디킨스는 유명 작가가 된 이후에야 자신의 원고를 조심스럽게 보관하기 시작했다. 작가 생활 초기에는 원고가 귀중한 물건이 된다고 생각하지 못한 것이다. 그 결과 첫 소설인 〈픽윅 문서〉는 불과 44페이지만이 남게 되었다. 나머지 친필 원고의 대부분은 '빅토리아 & 알버트 박물관'의 포스터 컬렉션에 보관되어 있다.

디킨스는 사진이 발명되기 전에 태어났다. 사진기가 대중화되기 시작한 것은 1840년대. 사진기가 나오기 전에 사람들은 화가에게 의뢰해 자신의 모습을 초상화로 남겼다. 박물관에는 상아에 그려진 축소판 초상화가 있다. 1830년, 디킨스가 18세 때 이모 자네트 배로가 그려준 초상화이다. 프리랜서 기자 시절의 모습인데 패션 감각이 뛰어났음을 알 수 있다.

박물관에서 흥미로운 점의 하나는 쇠창살을 전시하고 있다는 사실. 1842년 마샬시 감옥이 폐쇄되기 직전 떼어온 쇠창살이었다. 디킨스로 인해 감옥의 쇠창살까지 의미 있는 기념물로 재탄생한 것이다. 쇠창살 안쪽에 아버지 존 디킨

위부터 디킨스 사진, 신문기사, 디킨스의 서명,
디킨스의 책상, 처제 호가스가 죽은 방의 문

스의 초상화가 배치되어 있다. 감옥에 갇힌 파산자 존 디킨스!

식당은 1층에 있다. 디킨스는 친구들을 집으로 초대해 식사 대접하는 것을 좋아했다. "오늘 오후 5시에 우리 집에 와서 커틀릿을 함께 하시겠습니까?" "생선 한 토막이 들어왔다고 하는군요" 등의 메모를 친구들에게 보내곤 했다. 1층 식당의 식탁에는 열네 명까지 앉을 수 있었지만 디킨스는 이 집이 비좁게 느껴졌다.

주간지를 창간하다

디킨스는 1841년 잠시 집필을 중단하고 아내와 함께 6개월 여정의 미국 여행길에 올랐다. 디킨스 부부는 리버풀에서 증기선 브리타니아 호를 타고 보스톤에 도착했다. 디킨스는 보스톤에서 열렬한 환대를 받았다. 미국 언론들도 일제히 디킨스의 방문을 1면 머리기사로 다루었다.

미국 방문의 절정은 뉴욕에 들렀을 때였다. 디킨스 부부는 3,000명이 운집한 화려한 홀 '보즈 볼'에서 두 번씩이나 박수갈채를 받았다. 디킨스는 미국에 머무는 동안 워싱턴 어빙, 헨리 롱펠로, 에드거 앨런 포 등 미국을 대표하는 작가들을 만났다.

디킨스 역시 보통 영국 사람들처럼 신대륙을 동경했다. 신대륙의 미국은 구대륙 유럽과는 모든 면에서 다른 신세계일 것이라고 기대했다. 디킨스는 공개석상에서 저작권 문제를 거론했다. 미국에서 자신의 작품들이 해적판으로 너무 많이 팔리고 있다는 점을 언급한 것이다. 작가로서 충분히 할 수 있는 이야기였지만 미국 언론들은 약속이나 한 듯 돌변해 그를 공격했다. 3류 언론들은 저속한 표현까지 서슴지 않았다. 미국은 저작권에 관한 언론 자유가 없었다. 디킨스는 신대륙이 이상사회이기는커녕 구대륙과 다를 바 없다는 사실을 깨달았다.

디킨스 부부는 신대륙의 마지막 여정인 캐나다를 방문해 비로소 기쁨과 자유를 만끽한 후 런던으로 돌아왔다. 신대륙 여행 6개월은 디킨스에게 잃은 것만 있었던 것은 아니었다. 그가 상상 속에서 동경해 온 공화국에 대해 실망했지만 한편으로 중요한 교훈을 배운 기간이었다. 그것은 자신의 명성에 대한 책임감이었다.

이후 디킨스는 정치적, 사회적 이슈에 더 많은 관심을 갖게 되었다. 자선 만찬에 참석하는 것과 같은 사회공헌 활동에 더 많은 시간을 할애했다. 사회공헌 활동의 일환으로 유산 상속녀 안젤라 쿠츠 여사의 도움을 받게 되었다. 두 사람은 가난한 사람에 대한 연민과 관심을 공유했다. 디킨스는 쿠츠 여사를 대신해 새프롱힐즈의 빈민학교를 방문하기도 했다.

1843년 겨울에 나온 《크리스마스 캐럴》은 대성공을 거두었지만 디

킨스는 경제적인 타격을 입는다. 그
는 이 책의 제작에 많은 공을 들였다.
양장본 제본에 4도 컬러 인쇄로 출판
했기 때문이다. 책값으로 5실링을 받
아야 했지만 그럴 경우 독자에게 부
담이 크다는 이유로 출판사는 반대했
다. 책값을 5실링 밑으로 책정하면
엄청난 제작비를 상쇄할 방법이 없었
다. 디킨스는 이 비용을 자비로 충당
했는데, 이것이 부메랑이 되었다. 이
로 인해 '채프맨 앤 홀' 출판사와 결
별하게 된다.

찰스 디킨스

　디킨스는 《크리스마스 캐럴》 이후
한동안 히트작을 내놓지 못했다. 디킨스가 잠시 주춤하는 사이 신예
소설가들이 잇달아 소설을 출간했다. 샬롯 브론테, 에밀리 브론테, 앤
브론테 자매들, 찰스 킹슬리, 앤소니 트롤로페 등이 이 시기에 데뷔했
다. 새커리의 《허영의 시장》도 비슷한 시기에 독자에게 선보였다.

　디킨스는 1849년 《데이비드 카퍼필드》를 연재하기 시작했다. 그는
이 작품을 자신의 작품 중에서 "가장 좋아하는 자식"이라고 언급했
다. 디킨스는 이 소설에서 자신이 경험한 모든 것을 허구 속에 녹여냈
다. 자신에 대한 뿌리 깊은 감정, 부모, 첫사랑, 삶과 결혼 등. 소설은
일인칭으로 전개되었기 때문에 종종 "디킨스의 마음"이라 일컬어지
기도 했다.

　《데이비드 카퍼필드》의 연재가 끝나갈 무렵, 디킨스는 오랜 꿈인
자신의 잡지를 창간했다. 그도 동시대의 다른 작가들처럼 소설을 주

〈데이비드 카퍼필드〉
원고 첫 페이지

간지나 월간지에 연재했다. 시대를 막론하고 잡지 편집자와 작가의 관계는 처음에 좋았다 해도 어느 순간에 불편한 관계로 발전할 소지가 많다. 그 이유는 대체로 원고료 혹은 인세 문제, 원고에 대한 무단 편집, 부정기적 게재 등이다.

연재물을 연재하는 작가의 경우, 이런 불만이 있어도 대부분은 잡지사에 지고 들어갈 수밖에 없다. 작가 자신이 매체를 창간할 능력이 없기 때문이다. 디킨스는 달랐다. 아예 주간지를 창간했다. 《하우스홀드 워즈(Household Words)》. 시사 문제와 함께 연예오락도 다뤘다. 디킨스는 마음 놓고 작품을 연재했다. 이 잡지를 통해 이름을 날린 작가 중에는 조지 엘리엇이 있다.

《하우스홀드 워즈》 창간호는 1850년 3월에 나왔다. 잡지는 나오자마자 반응이 좋아 금방 발행부수가 4만 부에 육박했다. 디킨스는 4개월 안에 흑자로 돌아선다고 예상했고, 낙관적인 전망대로 첫해에 1,715파운드의 매출을 기록했다. 디킨스는 《하우스홀드 워즈》 편집의 총책임을 맡았다. 원고 청탁을 했고, 독자 편지에 답장을 썼고, 원고를 수정했고, 단어 몇 개를 바로잡는 것까지 혼신의 힘을 다했다. 모든 원고 윗부분에 디킨스의 서명이 없으면 인쇄가 되지 않았다. 이 시사주간지는 디킨스의 세계관과 문학 스타일을 고스란히 반영했는데, 얼마 지나지 않아 유명한 고정 필자들을 확보하게 되었다. 잡지 편집을 지휘하면서 동시에 디킨스 자신은 소설을 연재하고 에세이를 썼다.

디킨스는 여기에 만족하지 않고 아마추어 연극단을 조직해 자신이 연출하고 직접 출연하면서 전국 투어 공연을 했다. 또한 문학과 예술 조합을 조직해 기금을 조성하고 연금과 집을 필요로 하는 작가와 예술가들을 도왔다. 이처럼 디킨스는 주간지 발행과 소설 집필 외에도 너무나 많은 일에 어마어마한 에너지를 쏟아부었다.

1851년, 아홉 번째로 태어난 젖먹이 도라가 갑자기 죽었다. 슬픔을 이기기 위해서는 환경 변화가 필요했다. 디킨스 부부는 데본서 테라스를 떠나 태비스톡 스퀘어의 태비스톡하우스로 거처를 옮겼다. 태비스톡하우스는 부부가 함께 산 마지막 거처이다.

태비스톡 스퀘어는 직사각형의 작은 공원이다. 현재는 공원을 둘러싸고 타운하우스들이 들어서 있다. 디킨스는 태비스톡 스퀘어에 5층짜리 단독주택을 구입했다. 1층에 큰 방을 마련해 파티용으로 쓰거나 태비스톡 스퀘어

태비스톡 스퀘어에 있는 디킨스 흔적

가족용 작은 극장으로 활용했다.

디킨스는 《크리스마스 이야기》를 실제로 자신의 집안에서 실천했다. 매년 크리스마스에 가족 모두가 참여하는 연극을 공연했다. 아이들이 여덟 명이나 되었으니 배우 걱정도 없었다. 디킨스는 이 가족 공연에 런던의 명사들을 초청하곤 했다. 역사가이자 평론가인 토마스 칼라일이 디킨스 집안의 가족 공연에 단골로 초대받던 명사였다. '크리스마스 가족 공연'은 프로이트의 눈으로 보면 명쾌한 해답이 나온다. 디킨스는 자신의 무의식에 자리잡은 어린 시절의 뼈저린 외로움의 상처를 치유하기 위한 의식으로 이런 이벤트를 열었던 것이다.

디킨스는 규칙적인 생활을 했다. 7시에 일어나 8시에 아침을 먹었다. 9시가 지나면 집필실로 들어가 점심식사 때까지 방해받지 않고 절대적인 침묵 속에 남아 있었다. 오후 2시에서 5시에는 런던 교외나 시내로 산책을 나갔다. 저녁식사는 6시에 했고, 저녁 시간은 가족들이나 친구들과 보내곤 했다.

디킨스는 소설을 쓰면서 집필실에서 혼잣말로 어떤 장면을 중얼거리거나 자신이 창조한 인물이 되어 연기를 하곤 했다. 이런 디킨스의 모습은 자녀들에게 깊은 인상을 주었다. 어린 자녀들은 아버지가 실제의 인생과 허구의 인생을 똑같이 살고 있다고 생각했다.

태비스톡 스퀘어의 집들은 2차대전 당시 독일의 공습으로 거의 폐허가 되었다. 태비스톡 스퀘어는 한 블록 사이에 있는 고든 스퀘어와 많은 차이가 난다. 공원은 아담한 크기지만 관리 상태가 너무 좋다. 풀밭은 윤기가 흐르고 꽃들이 만발해 시민의 발길을 유혹한다. 공원 바깥쪽에 디킨스의 블루 플라크가 붙어 있다. 하지만 완전한 폐허를 경험한 탓에 정확한 위치를 적시하지 못한 채 "1851년에서 1860년에 이 근처에서 살았다"고만 쓰여 있다.

트라팔가 태번의 단골

빅토리아 시대의 최고 작가인 디킨스. 그가 살던 집은 도티 가 48번지밖에 남아 있지 않지만 단골로 가던 태번은 여전히 성업 중이다. 템즈 강변의 트라팔가 태번이다.

디킨스의 체취가 남아 있는 유서 깊은 트라팔가 태번으로 가보자. 트라팔가 태번은 그리니치 지역에 있다. 바로 세계 표준시를 만든 그리니치 천문대가 있는 곳. 그리니치는, 국회의사당과 트라팔가 광장이 있는 런던 중심가에서 보면 꽤 먼 곳이다. 19세기 중반에는 런던 교외 지역이었다. 지하철을 타고 '커티삭' 역에서 내려 걸어가는 방법도 있지만 디킨스 시대의 분위기를 느끼려면 배를 이용하는 편이 좋다. 런던에 세계 최초로 지하철이 건설된 것은 1863년으로 디킨스가 죽기 7년 전 일이고, '커티삭' 역이 생긴 것은 20세기 들어서였다.

웨스트민스터 선착장, 차링크로스 선착장, 타워브리지 선착장에서 그리니치 선착장으로 가는 배가 출발한다. 그리니치 지역은 유네스코 세계 유산으로 지정된 곳이다. 해양박물관, 왕립해군학교, 왕립천문대, 퀸스하우스, 범선 커티삭 등이 있어 늘 관광객들의 발길이 붐빈다.

커티삭 호는 1869년에 건조되어 대항해시대 중국과의 차 무역을 담당했던 아름다운 범선이다. 당시 세계에서 가장 빠른 배였던 커티삭 호는 중국에서 런던까지 107일이 걸렸다. 디킨스를 모르는 사람이라도 그리니치 천문대, 해양박물관, 커티삭 등을 구경하고 트라팔가 태번에서 점심을 먹으면 재미와 교양을 갖춘 완벽한 런던 여행이 될 것이다.

그리니치 선착장에서 내리면 왕립해군학교 이정표가 보인다. 해군학교의 철제 담장과 템즈강 사이에 작은 길이 있다. 이 길을 따라 5분여 걸으면 트라팔가 태번이 나타난다. 태번은 템즈강과 평행을 이루며 템즈강의 물결을 정면으로 바라보고 있다. 태번 입구에서 예상치 못한 인물의 동상과 조우했다. 해군 지휘관 복장을 한 오른팔이 없는 인물. 동상 기단부에는 이런 글이 새겨져 있다.

"Time is everything…… five minutes makes the differences between Victory and Defeat.(시간은 모든 것이다…… 5분은 승리와 패배의 차이를 만든다.)"

넬슨 제독이었다. 동상이 실물 크기여서일까. 영웅 넬슨이 인간 넬

트라팔가 태번 앞의
넬슨 동상

슨으로 보인다. 넬슨의 생몰연도는 1758~1805년. 불과 48년밖에 살지 못했던가. 문득 인생은 삶의 기간이 아니라 삶의 내용에 의해 결정된다는 생각이 들었다.

트라팔가 태번은 1837년에 건축되어 금방 유명 태번으로 자리잡았다. 태번은 2층으로 되어 있고, 1층은 방이 4개로 나뉘어 있다. 규모로 보면 런던에서 가장 큰 태번일 것이다. 어느 위치에서든 템즈강의 유장한 흐름이 한눈에 들어온다. 벽면에는 초상화, 사진, 지도, 그림, 인쇄물 등이 거의 빈 공간이 없을 정도로 빼곡하게 붙어 있다. 트라팔가 태번을 단골로 찾아온 사람들은 장군, 장교, 정치인, 문인 등 빅토리아 시대의 명사들이었다.

정부 각료, 유명 법률가 등 저명인사들은 이 태번에서 축하 모임을 갖곤 했다. 이 태번은 화이트베이트(뱅어) 요리로 유명했다. 지금도 메뉴에 뱅어가 있다. 디킨스가 이곳에 드나들던 시절에는 뱅어를 템즈

트라팔가 태번

강에서 낚시로 잡아 식탁에 올리곤 했다. 지금은 템즈강에서 더 이상 뱅어를 잡지 않는다. 내각의 각료들은 국회 회기가 끝나면 으레 이 태번에서 '위로 겸 자축' 만찬을 갖곤 했는데, 이를 '화이트베이트 디너'라고 한다.

디킨스는 오후에 자신의 소설에 삽화를 그리던 화가 조지 크룩생크를 비롯한 친구들과 이 태번에서 약속을 잡곤 했다. 트라팔가 태번은 그의 소설 《아워 뮤추얼 프렌드(Our Mutual Friend)》에서 결혼기념 아침식사를 하는 장소로 묘사되었다.

디킨스가 단골로 앉던 자리는 어느 테이블일까, 두리번거리다가 포기하기로 했다. 어느 자리면 어떤가. 어디에 앉든 템즈강의 가슴 벅찬 물결이 창밖으로 펼쳐지는 것을. 굽이치는 물결 위로 배들이 미끄러지듯 움직였다. 템즈강의 물살이 저렇게 거셌던가. 의자에 앉으니 태번이 마치 템즈강 위에 떠 있는 배처럼 출렁거리는 것 같았다.

런던의 그늘

디킨스는 런던의 어두운 이면에 현미경을 들이댔다. 그의 대표적인 사회비판적 작품들로는 《황폐한 집》을 시작으로 《어려운 시대》, 《막내 도릿》, 《두 도시 이야기》 등이 있다. 앞서 언급한 대로 《막내 도릿》은 어린 시절 채무자 감옥에 드나든 경험을 토대로 쓴 소설이다. 이 책이 출간되자 런던시 당국은 비인간적인 환경의 감옥들을 폐쇄하는 조치를 내렸다.

디킨스는 개개인을 비난하고 공격하는 것으로는 한계가 있다는 것을 알았다. 숨 막히는 런던의 스모그가 영국 법률과 제도의 개선 불가능한 혼돈을 상징한다고 디킨스는 생각했다. 문제는 썩은 공기만이 아니었다. 묵묵히 오물과 오수를 받아들이던 템즈강도 더 이상 견딜 수가 없어 폭발하고야 말았다. 1858년의 템즈강 대악취 사건. 얼마나 지독했으면 템즈 강변에 위치한 국회가 악취로 인해 휴회하기에 이르렀을까.

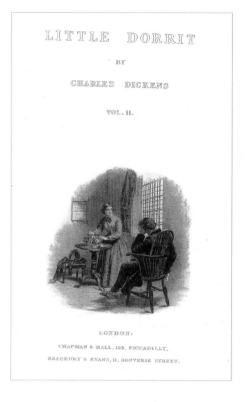

《막내 도릿》의 겉표지

디킨스는 영국 내의 비참한 삶에 대해서는 못 본 척하면서 멀리 아프리카에 가서 활동하는 것은 오도된 인류애라고 생각했다. 디킨스는 개혁의 필요성을 가슴 사무치게 절감했다. 1852년 월간으로 연재를 시작한 《황폐한 집》은 영국의 권력기관에 대한 직접적인 첫 공격이었다. 1854년 《어려운 시대》에서 디킨스의 분노와 절망은 극에 달한다. 그는 정치인의 무관심과 무능력과 위선을 공격했고, 심지어 하원이 그 온상이라고 낙인을 찍기도 했다. 1854년 런던에서 두번째로 콜레라가 발생했다. 디킨스의 정부 공격이 근거가 있다는 것이 증명되었다.

1850년대에서 주목할 점은 디킨스가 대중 앞에서 자신의 작품을 공개 낭독하는 행사를 시작했다는 점이다. 디킨스는 1853년 12월, 버밍엄에서 2,500여 명의 노동자들 앞에서 《크리스마스 캐럴》을 낭독했다. 공개 낭독회는 그가 연기에 타고난 재능이 있다는 것을 보여주었다. 디킨스는 목소리 톤을 자유자재로 높였다 낮추었고, 어떤 때는 속삭이듯 말하기도 하면서 청중을 한순간도 방심하지 못하게 했다. 무대에서 등장인물의 행동과 억양을 흉내 내며 연기하기도 했다. 낭독회는 한 편의 연극이었다. 디킨스가 일인다역을 맡은 모노드라마였다. 빈민가의 참상을 얘기할 때 청중은 눈물을 흘렸고, 정치인의 거짓과 위선을 공격할 때는 박장대소했다. 청중은 작가와 함께 호흡하면서 웃고 울었다. 디킨스의 공개 낭독회는 인기 폭발이었다.

별거, 그리고 새로운 만남

1850년대 중반 무렵, 디킨스는 가정생활에서 더 이상 행복을 느끼지 못했다. 성장한 아이들은 더 이상 아버지의 말을 따르지 않았고 각자의 길을 선택해 하나둘씩 세상 속으로 뛰어들었다. 무엇보다 아내 캐서린에 대한 불만이 커져 갔다.

1858년은 시련의 시기였다. 디킨스는 20년간 함께 해온 캐서린과 결혼생활을 청산하고 공식 별거를 시작했다. 디킨스는 캐서린 명의의

1861년의 찰스 디킨스

작은 집을 사주고 매년 600파운드의 생활비를 송금한다는 조건으로 별거에 합의했다. 별거 사유는 말 그대로 성격 차이. 매사에 열정적인 디킨스에 비하면 캐서린은 소극적이고 행동이 더딘 편이었다. 디킨스는 아내의 이런 성격이 못마땅해 불만을 토로했고 한 집에서 남남으로 살다가 결국 공식 별거를 선택한 것이다. 태비스톡하우스에 살면서부터 두 사람은 사실상 한 지붕 두 집 생활을 해왔다.

디킨스가 이혼이 아닌 공식 별거를 선택한 것은 당시의 사회적 관습 때문이었다. 빅토리아 시대에는 이혼을 죄악시했다. 이혼

을 허가하지도 않았지만 설령 허가한다 해도 엄청난 돈을 법원에 내야 했다. 따라서 엄청난 재산가가 아니면 이혼은 꿈도 꾸지 못했다. 디킨스의 별거는 당시 최대의 화젯거리였다.

엘런 터너

별거를 결정하게 된 또다른 이유는 젊은 여배우 앨런 터너 때문이라는 이야기도 있다. 캐서린과의 결혼생활에 싫증을 느끼고 있던 디킨스가 앨런에게 마음을 빼앗겼다는 것이다. 디킨스가 앨런을 처음 만난 것은 자신이 연출하고 출연한 연극에서 앨런이 여자 상대역을 맡았을 때였다. 그는 앨런 터너을 '넬리'라고 불렀다.

넬리는 노년에 접어든 디킨스의 삶을 변화시켰다. 대외적으로 디킨스는 빅토리아 시대의 최고 명사 중 한 명이었고, 당대의 가장 위대한 작가였고, 가난한 자와 소외된 자의 옹호자였다. 그러나 사적으로는 오랜 친구들과 관계를 끊고 가능한 한 넬리와 함께 있는 시간이 많아지는 은둔형 인물이 되어가고 있었다. 디킨스는 휴톤 플레이스에 넬리와 그녀의 어머니와 여동생들이 살 수 있는 집을 마련해 주었다. 휴톤 플레이스는 태비스톡하우스에서 걸어서 갈 수 있는 거리에 있었다.

두 사람의 관계가 연인관계였는지는 분명하지 않다. 수많은 전기작가들이 이를 입증하려 했으나 아무런 소득이 없었다. 디킨스의 말대로 두 사람은 플라토닉 관계로 머물렀던 것 같다. 디킨스는 동시대를 살았던 프랑스 작가 빅토르 위고와는 분명히 다르다. 빅토르 위고는 부인을 두고도 절륜의 정력을 과시하며 동시에 여러 여성과 연인관계를 유지했다. 디킨스는 별거상태에서 끝내 재혼하지 않았다.

1859년 디킨스는 주간지 제호《하우스홀드 워즈》를《일년 내내》

로 바꾼다. 별거 스캔들이 작가 디킨스의 명성에는 전혀 영향을 주지 않았다. 독자들은 《일년 내내》에 연재된 소설 《위대한 유산》에 열광했다.

시인의 자리에 잠들다

디킨스는 50대 중반에 접어들면서 급격히 쇠약해졌다. 일주일마다 마감이 돌아오는 주간지를 만들고 동시에 자신의 작품을 쓴다는 것은 엄청난 체력을 요구하는 일이었다. 디킨스는 자신의 명성과 인기를 지켜야 한다는 강박관념에 사로잡혀 있었고 그럴수록 일에 매달렸다. 건강 악화는 지나치게 에너지를 소모시킨 당연한 결과였다.

디킨스는 40대 후반에 이르러 독자와 직접 만나는 낭독회를 선호했다. 낭독회는 독자의 반응을 직접 확인할 수 있는 기회. 작가 입장에서는 정말 매력적인 독자와의 만남이었다. 당대의 최고 작가가 육성으로 주인공에 감정을 넣어 낭독할 때마다 청중들은 감전하듯 반응했고, 실신하는 독자들까지 나왔다. 디킨스는 1858년 영국 전역을 돌며 모두 43회에 걸쳐 낭독회를 열었다.

주간지 《일년 내내》

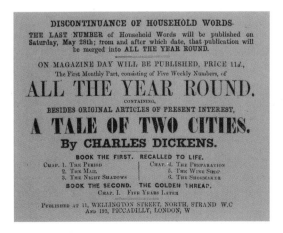

문제는 낭독회에 어마어마한 에너지가 소비된다는 점이었다. 1867년 디킨스는 낭독회를 위해 미국을 방문했다. 보스턴에서 시작한 낭독 여행은 뉴욕, 워싱턴, 필라델피아를 순회하면서 대성공을 거두었다. 하지만 낭독 여행이 진행되면서 건강은 더욱 악화되었다. 그가 미국 낭독 여행을 강행한 결정적인 동기는 돈이었다. 그는 많은 돈이 필요했다. 별거한 부인 캐서린에게 매년 600파운드를 지급해야 했고, 자신의 지위에 걸맞은 품위를 유지하기 위해서도 돈이 들었다. 또한 매월 넬리에게 생활비를 주어야 했다. 끝없이 속을 썩이는 아들들에게도 돈이 들었다.

의사의 강력한 경고도 디킨스의 낭독회 강행을 막지 못했다. 주치의는 무대 뒤에서 낭독회 동안 그를 주시하면서 맥박을 체크했다. 맥박은 분당 124회까지 치솟았다. 1870년 3월 15일 디킨스는 피카딜리 가에 있는 세인트 제임스 홀에 섰다. 고별 낭독회였다. 디킨스는 《크리스마스 캐럴》과 〈픽윅 문서〉의 발췌문을 낭독했다.

디킨스 가족

"지난 15년간 저는 이 홀과 같은 많은 곳에서 여러분의 인정을 받으며 저의 소중한 생각을 발표하는 영광을 누렸습니다. 여러분과 가까이에서 교감하며 예술가로서 느낄 수 있는 최고의 기쁨을 누리고, 많은 깨달음을 얻었습니다. 아마 이런 즐거움과 깨달음을 얻은 사람은 많지 않을 것입니다. 이제 저는 정중하고 진심 어린, 애정 넘치는 감사의 고별사와 함께 영원히 사라집니다."

발디딜 틈 없이 홀을 채운 청중들은 눈물을 흘렸다. 더 이상 디킨스를 볼 수 없다는 것이 슬펐기 때문이다. 그들은 무대 뒤로 사라지는 디킨스를 향해 손수건과 모자를 흔들었다.

디킨스는 당대 최고의 작가였다. 불멸의 천재들이 사후에 평가를 받는 경우가 많은 데 비해 생전에 인정을 받고 그것을 누린다는 것은 더할 수 없는 축복이다. 그런데도 디킨스는 말년까지 명성과 부에 대한 집착을 버리지 않았다. 왜 그랬을까?

프로이트의 정신분석학으로 디킨스의 심층심리를 들여다보자. 청소년기의 가난과, 가난으로 인한 첫사랑 실패는 디킨스에게 무의식이 되었다. 무의식은 성공에 대한 집념으로 표출되었고, 이는 성공한 이후에 추락할지 모른다는 강박관념으로 작용했다. 또한 말년에 디킨스가 의사의 경고에도 불구하고 낭독회를 고집한 것은 독자들과의 거리가 멀어지는 것을 두려워한 심리적 불안감 때문으로 파악되기도 한다. 디킨스의 삶을 통해 우리는 또 한 번 유소년기의 경험이 한 사람의 생애에 얼마나 깊은 영향을 미치는지를 확인하게 된다.

디킨스는 주의를 요하는 환자였다. 외부 행사 참석에 터무니없는

디킨스가 묻힌 웨스트민스터 사원

시간을 낭비한 그는 몸이 극도로 나빠진 상태로 집에 돌아왔다. 그의 곁에는 넬리가 있었다. 그는 넬리에게 연재물 《드루드의 비밀》에 관한 이야기를 했다. 그는 "제발 신이시여, 내가 이 연재물을 끝낼 때까지 살게 해주십시오"라고 넬리에게 말했다. 그는 연재물 원고 걱정을 하면서 계속 글을 썼다. 1870년 6월 8일 강력한 뇌졸중이 그를 엄습했다. 디킨스는 이후 의식이 돌아오지 않았고, 6월 9일 58세를 일기로 눈을 감았다.

디킨스는 유언을 지속적으로 작성해 왔다. 그는 유언장에서 자신의 장례에 대한 분명한 의사를 밝혔다. "검소하게, 허세부리지 않고 철저하게 가족장으로" 치러달라고. 그는 자신의 죽음을 예상하고 로체스터 성당에 묘지와 가묘(假墓)까지 준비해 두었다. 그러나 영국 정부는 그의 시신을 웨스트민스터 사원에 묻고 싶어했다. 웨스트민스터 사원은 왕실 가족이나 왕실 가족에 준하는 대우를 받는 인물들만이 묻히는 공간이다.

웨스트민스터 영결식은 디킨스의 유언에 따라 조사도 찬송도 없이 극소수의 친구와 친지들만 참석한 가운데 조용히 치러졌다. 그의 관은 오르간의 선율이 조용하게 울려퍼지는 가운데 '시인의 자리'에 묻혔다. 훗날 빅토리아 여왕은 디킨스를 이렇게 회고했다.

"디킨스는 빈민들을 사랑했고, 그들에게 가장 깊은 연민을 느낀 사람이었다."

참고문헌

《1984》, 조지 오웰 지음, 김기혁 옮김, 문학동네

《30분에 읽는 버지니아 울프》, 지나 위스커 지음, 강수정 옮김, 랜덤하우스중앙

《just go 런던》, 시공사

《동물농장》, 조지오웰 지음, 한혜정 옮김, 꿈꾸는 아이들

《런던의 짧은 역사》, A. N. 윌슨 지음, 윤철희 옮김, 을유문화사

《버지니아 울프—살아남은 여성 예술가의 초상》, 김희정 지음, 살림

《버지니아 울프1, 2—존재의 순간들, 광기를 넘어서》, 허마이오니 리 지음, 정명희 옮김, 책세상

《위대한 연설 100》, 사이먼 마이어·제레미 쿠르디 지음, 이현주 옮김, 쌤앤파커스

《자유, 자연, 반권력의 정신—조지 오웰》, 박홍규 지음, 이학사

《찰리 채플린—희극이라는 이름의 애수》, 데이비드 로빈슨 지음, 지현 옮김, 시공사

《찰스 디킨스의 런던》, 김택중 지음, 태학사

《채플린》, 데이비드 로빈슨 지음, 한기찬 옮김, 한길아트

《책 VS 역사》, 볼프강 헤롤레스·클라우스—뤼디거 마이 지음, 배진아 옮김, 추수밭

《처칠을 읽는 40가지 방법》, 그레첸 루린 지음, 윤동구 옮김, 고즈윈

《컬처 코드》, 클로테르 라파이유 지음, 김상철·김정수 옮김, 리더스북

《케이스를 위한 변명》, 피터 클라크 지음, 이주만 옮김, 랜덤하우스

《케인즈는 왜 프로이트를 숭배 했을까?》, 베르나르 마리스 지음, 조홍식 옮김, 창비

《코끼리를 쏘다》, 조지 오웰 지음, 박경서 옮김, 실천문학사

《파리와 런던의 밑바닥 생활》, 조지 오웰 지음 , 신창용 옮김, 삼우반

《폭풍의 한가운데》, 윈스턴 처칠 지음, 조원영 옮김, 아침이슬

《피터팬》, 제임스 배리 지음, 박은경 옮김, 랜덤하우스중앙

〈피터팬에 나타난 양면성 연구〉, 박은경

《CHAPLIN》, Paul Duncan 편집, TASCHEN

《Charles Dickens》, ELIZABETH JAMES 지음, THE BRITISH LIBRARY

《J.M. Barrie & the Lost Boys》, Andrew Birkin 지음, Yale University

《LONDON—Eyewitness Trave》, DK

《Winston Churchill—the potobiography》, Michael Paterson 지음, D&C

DVD 자료

〈OLIVER TWIST〉

〈피터팬〉

〈FINDING NEVERLAND〉

〈Mrs. Dalloway〉

찾아보기

작품명